CARMEN CÁLIZ MONTORO

# ACTO DE FE ORIGINAL

LIBRO I. ACTO DE FE ORIGINAL
LIBRO II. ALQUIMIA DEL GRIAL SAGRADO
LIBRO III. LA CRIBA

Primera edición: febrero de 2024

© Carmen Cáliz Montoro, 2024
© Ediciones Carena, 2024

Ediciones Carena
c/Alpens, 31-33
08014 Barcelona
T. 934 310 283
info@edicionescarena.com
WWW.EDICIONESCARENA.COM

Diseño de la cubierta: Sofía Bonachea Cáliz
Maquetación: Adrián Vico
Corrección: Marilisa Ricco

Depósito legal B 20370-2023
ISBN 978-84-19890-09-2

Impreso en España - Printed in Spain

LIBRO I

# ACTO DE FE ORIGINAL

Memorias selectivas de un alma creativa en gestación

# Prólogo

# Agradecimiento a la palabra

Mis padres tuvieron dos hijas que mi padre nombró, con mucha intuición, Carmen y Pilar y que impregnó con un hechizo ancestral. A mí me tocó llevar la estela de una constelación familiar de Cármenes, jardines sembrados que comenzaron a regalarnos su fruto con mis dos abuelas, ambas llamadas Carmen, al igual que mi madre y yo. Con mi hermana Pilar se aseguró, sin ser totalmente consciente de ello, una estructura familiar sólida que ella ha compartido y que él había llevado desde el fallecimiento de mi abuela paterna, a la edad de 40 años en un pueblecito de Granada, dejando tras ella a seis huérfanos en la dura etapa de la postguerra española. Cabe señalar, sin embargo, que ni las estelas están destinadas a surcar solo espacios fuera de nuestro alcance ni los pilares se limitan a una altura de carácter terrenal, pues apuntan al cielo también. Sería a mi entender un error de base aferrarnos a roles familiares demasiado definidos, pues nos limitan.

A nuestro jardín se ha añadido una nueva generación de hermosos frutos cuyas flores llevan en su nombre y expresan fragancias intensas, profundo amor, creatividad y belleza tanto exterior como interior. Es una generación que, aunque también maltratada, es a la vez más consciente de las raíces que bajo la tierra las interconecta sin restarles la unicidad y originalidad (de origen) que cada una de ellas viene a expresar en el transcurso de su existencia. Así pues, yo me atrevo a afirmar que, si en el principio fue el verbo, también sería coherente deducir que el nombre que llevamos nos define y es un ingrediente integral en el desarrollo de nuestro destino y personalidad.

Al escribir estas líneas a modo de introducción, intento expresar la complejidad de los lazos invisibles y entramados que nos envuelven y atraviesan a raíz del contexto de nuestro nacimiento. No podemos ser totalmente completos si nos desarraigamos de nuestros orígenes y no les hacemos una ofrenda de gratitud sincera aceptando, por un lado, todo lo bueno que han generado y, por otro, desapegándonos de los retos dolorosos que hayamos tenido que superar en el curso de ese proceso.

Mis agradecimientos por tanto al verbo, a la palabra y a las letras que nos permiten agradecer, expresarnos y seguir reinventándonos en el lenguaje, expresión humana de la imagen y mente que nos crea y sigue creando divinamente.

Barcelona, 31 de enero de 2022

# El silencio nos convoca

*Empecé recordando desde mi futuro.*
*Mi vida gotea ante mis ojos,*
*bebo de esa visión.*

*Veo que veo: somos lo que vemos.*

Me hago consciente del futuro que recuerdo, lo vuelvo a pasar por mi corazón dejando espacios que no llegan a hacerse presentes, pues han encontrado otros caminos y se quedaron allí. Sus células fueron un intento de vida que se malogró. Recuerdo vagamente su crecimiento, el sentimiento de abandono. He recordado su dolencia de amor, su incapacidad de dejarse amar y sentirse amado. Una herida terrenal que habita este territorio da a luz a amores enfermizos, niños desnutridos.

Una voz me rescata, me seduce a creer, a tener fe:

*Viajera, la alquimia del amor se ha visto adulterada. Selecciona bien los ingredientes de tu alimento. Recuerda: el futuro que eres ya terminó su proceso. En los huecos se marcan las ausencias de los recuerdos desterrados, los que no llegaron a sobrevivir. Existe en el olvido un acto de compasión que nos regala superficies donde descansar, aunque sea temporalmente, nuestros pensamientos. ¡Regocíjate en ellas!*

# 1

# Acto de fe original

## Memorias selectivas de un alma creativa en gestación

### Parte I

## Pilares de sujeción

### I

*Empieza a escribir y el contenido se irá conformando para ajustarse al cuerpo de la palabra escrita, para transportar y expresar una chispa del contenido que se gesta en su matriz y la tuya. Cual semilla, el mensaje sabrá brotar en los ojos de los lectores cuando posen su mirada en mí y atraviesen la página física para llegar al plano ilimitado del mundo imaginal.*

**Puigcerdá, verano de 1972.** El coche da tumbos, se precipita por la ladera de una montaña durante unos 35 metros. Se detiene gracias a un árbol que lo separa de una caída mortal por el despeñadero que seguía a continuación. Nadie falleció. Durante la caída todo da vueltas, llamo a mi madre, todos me aprisionan hasta que salgo liberada por la ventana siento un fuerte golpe en la cabeza y me veo transportada a gran velocidad hacia el vacío, envuelta en la más bella sensación que jamás he sentido. Viajo a una velocidad inimaginable hasta casi llegar a una irresistible luz. De pronto reconozco el lugar, me percato de que sé que si continuo hacia esa luz y me fundo en ella querrá decir que he muerto… debo regresar por mis padres. A la edad de once años no supe qué hacer con la experiencia y quedó depositada en un rincón de mi conciencia hasta más de veinte años después, durante un viaje a la India.

Nadie pregunta, todos acuden a donde hay sangre y huesos rotos. Olvido lo que no sé conscientemente que ha ocurrido y sigo mi existencia sintiendo un fuerte rechazo por todo lo que me rodea y por casi todos menos mi hermana, a quien siempre quería proteger, y mi abuela Carmen, con quien tengo un lazo invisible y mágico aun en estos momentos. Sin embargo, fue la abuela paterna, llamada Carmen también, al igual que mi madre, una prima y otra tía, la que inició desde el otro lado y ha sostenido con inquebrantable lealtad la conexión con mi padre. Desde ese espacio etéreo se comunicó con él durante tres noches seguidas. Mi padre se despertaba al sentir que alguien le movía la cama. Mi abuela le hizo sentir intensamente su presencia después de su fallecimiento hasta que él le aseguró que se haría cargo de cuatro hermanas y un hermano menores, entre 6 y 15 años. Niños de la posguerra en una tierra de ricos latifundios empobrecida por las luchas.

*No son necesarios más detalles. Los conflictos se siguen actualizando con otros recurrentes en nuestra sociedad. Solapa lucha con los términos "internas" y "externas". ¿Quién puede no identificar el sentimiento y las emociones que exaltadas surgen despavoridas? El término "conflicto" rige en una danza sublime con la inmortalidad.*

Mi adolescencia fue letárgica, sin interés por aquel entorno reprimido y sin libertad de expresión. Sin embargo, mis silencios estaban impregnados de contenido que darían su fruto algo más tarde en un país lejano, al otro lado del Atlántico. Pero ¡qué sabe el universo de espacios concretos o tiempo lineal!

No hay libros en mi casa aparte de una enciclopedia comprada a plazos. A los catorce años empiezo a comprarlos atraída por las solapas, o eso creo, hasta que comienzo a leer sus contenidos. Desde *El Padrino* y Eric Fromm hasta el *Tercer Ojo, El Médico de Lhasa* y muchos más. Me entusiasmo por los viajes astrales y vuelo lejos de esta realidad terrenal sostenida por un reluciente hilo platino que no se ha roto todavía. Los contenidos de esos libros me alimentan y abrazan como una madre que nutre y arropa a un hijo o hija convaleciente mientras recobra las fuerzas para seguir viviendo.

*Una línea imaginal para seguir el alineamiento contigo es todo lo que necesitamos en este momento. Nada forzado, me escribes y me tiendes sobre esta superficie. Descansa tus palabras. Deja de intentar constantemente crear algo nuevo u original. Para la originalidad no hay más que volver al origen.*

El hilo platino me reclama que regrese a este plano más terrenal y de repente huelo humo de la lámpara que no es mágica, ni Aladino el que apareció a continuación del hilo de humo. Había puesto una prenda de ropa sobre la luz para no molestar a mi hermana que dormía mientras yo leía. Me había quedado dormida. ¡Menudo susto! Algo me avisó a tiempo y todo quedó en nada, ni mis padres se percataron. La camiseta, algo quemada, desapareció sin dejar rastro. Tampoco fue Aladino.

## Homenaje a Primo Levi. Barcelona, mayo de 2022.

El hilo del humo me lleva a otros fuegos que llevo en mis células, pues se han despertado en mi memoria atemporal. Ayer tuve tres avisos de que algo en mi interior que ruge llamaradas de ira necesita ser atendido. Esperanza me comenta que estoy muy multidimensional y debo bajar y tocar con los pies en la tierra. Preparo el desayuno y voy un momento a seguir leyendo mientras se calienta la avena. Vuelvo y noto que la base va a estar quemadita pero rica. Luego, después de sacar a pasear a Merlín, el perrito de mi hija, preparo unas espinacas al vapor. Estoy sentada de nuevo leyendo. Huelo algo desde la habitación donde alterada estoy pensando cómo escribir lo que ahora empieza a fluir más calmadamente. Se quema la olla, pero se salvan las espinacas. Pienso que son objetos reemplazables.

Sigo sin atender, concentrada en mis pensamientos. Lo que tengo entre manos y en mi mente me hace estar demasiado alterada. Es el desasosiego con el que salí ayer de la conferencia sobre Primo Levi y la condición humana. Lo ha organizado Marta y siento la empatía y la solidaridad, más que la obligación, de apoyar un tema de memoria histórica como es el holocausto que se produjo en pleno siglo XX. No me percato de que el tema literalmente me produce una ira incontenible que intento apaciguar con sorbos de té mientras mi cerebro hace esfuerzos para no cortocircuitarse. Decido ir al gimnasio a nadar y calmarme. A la vuelta encuentro el rellano y la cocina con olor a humo. Me había dejado las lentejas en el fuego. Esta vez reflexioné que no era solo el holocausto judío el que quemaba mi sistema neuronal interior, aparte de amenazar mi espacio e integridad físicos y el de mis vecinos. Se me daba un claro mensaje de alerta.

Lo expreso y exteriorizo en palabras por responsabilidad, pues ellas llevan en sí mismas la capacidad de aligerar mis cargas y compartir mi preocupación. La palabra y el lenguaje nos permiten transmutar el dolor y la frustración en calma, dan la voz de alarma y, por momentos, cierta coherencia temporal e incluso belleza en vez de quemarnos nuestro interior.

Las palabras, a las que acudo como una hija acudiría a su madre con mirada atónita, son para entender no solo la Shoah del siglo XX, sino los holocaustos que preceden al del pueblo hebreo. Me refiero al holocausto de las mujeres en la Edad Media, el holocausto lento que ocurre aun en nuestras instituciones y en casa, donde la violencia de género y vicaria en concreto se pasean impunemente ante nuestros ojos. Surgen sin miedo ya las *Shoahs* que corren por los pasillos y recintos de las escuelas, en algunos países con armas letales. Los torturadores también se hacen eco del silencio de instituciones religiosas, espacios de trabajo. *Madame Bovarie c'est moi, Me Too*, somos tod@s al no permitir un distanciamiento entre un ellos y un nosotr@s. Mientras tanto evitamos la mirada y bloqueamos los oídos cuando dentro de la familia sucede el peor de las *Shoahs* a manos de los seres que supuestamente nos aman.

En el recital de Primo Levi se citó un texto que advertía: «Esto ha ocurrido y podría volver a ocurrir». Marta, la organizadora, se cuida de sacar de vez en cuando el tema de Ucrania, pero nadie del público parece hacerse eco para establecer la analogía en voz alta. Todo ha sucedido ya. Los niños y jóvenes son los seres más vulnerables y honestos al expresar en su propio cuerpo los síntomas de los virus de bulimia, anorexia, enfermedad mental, autolesión y altos números de intentos y logros de suicidio. El torturador no tiene que estar presente físicamente cuando el sistema lleva chips de programas con los que se realizan transfusiones audiovisuales, bombardeos con *fake news*, videojuegos y ahora multiversos en los que puedes ser quien quieras, hacer lo que quieras. Todo está permitido en un mundo virtual. Se ha practicado durante siglos en el mundo real. ¿Cuál es la diferencia? Todo sucede en paralelo dentro de nuestra mente.

**2007: Curso de Milagros.** Dejo la universidad para incorporarme al negocio familiar tras la dura decisión de no trabajar por el sueldo de una ayudante. Después de unos cinco años sustituyendo a profesores de cátedra y titularidad y tras la convalidación de título de la Universidad de Toronto, nada cambia, las plazas están comprometidas de antemano y no se rompe la tradición. Con una niña pequeña se me hace una tortura tener que dejarla con gente para llegar a una clase de las 8 de la mañana o terminar a las 4 o 5 de la tarde y tener que organizar que se quede con otra amiga mientras conduzco con ansiedad para llegar lo antes posible a casa. Su padre es médico y no encuentra opciones hasta después del divorcio y en la lucha por la custodia compartida que le niego. Soy una madre que ha dado a luz a los 38 años tras dos embarazos malogrados. Con el respaldo de mi familia dejo la universidad. No nos merecemos que tantos años de formación en un país lejano se paguen con esta moneda. La universidad no parece apreciarlo lo suficiente y me voy, no tanto por la plaza sino por la falta de medios para ofrecerme un sueldo medio digno. Orgullo herido, pero aún con una buena dosis de dignidad en el corazón, inicio otro camino. Me reinvento en casa leyendo y escribiendo, estando ahí para lo que haga falta. Un privilegio y responsabilidad que acepto y que tiene un coste para alguien con capacidad intelectual y formación.

## La magia: «*Este curso de milagros me salvará*», pensé.

Al cabo de unos meses el negocio familiar se viene abajo. La crisis del 2008. Se indemniza a los trabajadores y mi padre se jubila ya definitivamente. La magia es mucho más sorprendente de lo que sospechamos. Algunos la llaman milagros, misterios inexplicables porque no encajan en la lógica tridimensional del cerebro humano. Si la eludimos, los atraemos sin remedio. La naturaleza e instinto de nuestro planeta ejercen un legítimo derecho a protegerse mediante la aparición de enfermedades, virus que nos llevan a parar en seco y darnos otra oportunidad, que incluye un ecosistema más sostenible.

Pronto llegaron los cursos metafísicos, la venta del piso, mi salida precipitada con Yasmin y el duro divorcio tras varios actos de traición, incluido el peor, el que yo ejercía sobre mí misma y que prolongué por el qué dirán. Siguieron el accidente de mis padres, el tumor de mi padre, la enfermedad y el fallecimiento de mi madre. Sin duda necesitaba estar totalmente libre de ataduras para la etapa que se avecinaba y se iba a precipitar en mi camino. El curso de Milagros me liberó del juicio final espiritual. Ahora solo me quedaba aplicármelo y liberarme del que yo ejercía constantemente sobre mí misma. La jueza, a modo de espejo, lo ejecutó con gran destreza y contundencia deliberando repetidas veces a favor de mi exmarido.

No me di cuenta entonces de que llevaba puesto un traje de victimismo que me retenía en un bucle. Solo iba a salir de él reinventándome y renaciendo de mis propias cenizas. ¡Esa imagen del fuego que nos persigue a tod@s es tan fuerte! ¡Tiene tantas dimensiones y capas!

*Hoy el frío y otro acto de magia han ralentizado mi aparición. La sombra y la luz crean el camino por contraste. Se hermanan para dar paso al contenido que se extiende en esta cuerda floja, río invisible que en la línea persigue la consumación de su existencia y la lleva al mar.*

## Barcelona 1993, *Kalachakra* o Rueda del Tiempo con el Dalai Lama.

El aparente paso atrás fue esa primavera que había empezado a asistir con mi amiga Anna B. a unas charlas en un centro de budismo tibetano de Toronto. Ahí fue donde me enteré de que durante mi siguiente viaje a Barcelona iba a estar el Dalai Lama y logré apuntarme a tiempo para asistir a la celebración. A raíz de esa *coincidencia* y de sentir una facilidad innata en los ejercicios de visualización, me interesé por el budismo y me uní al grupo canadiense que planificaba un viaje a la India para asistir a otras enseñanzas budistas en Dharamsala. Allí confluían personas del lugar y de otras partes del mundo, gente sencilla y algún que otro actor o actriz famosos.

La decisión de darme un descanso del mundo académico la tomé con gran resolución tras la operación de un cáncer de próstata que le diagnosticaron a mi padre. Colgué la tesis doctoral durante dos meses y partí rumbo a un horizonte cuya lejanía me magnetizaba como aquella luz que me negué a seguir décadas antes. Me atraía cual polilla hipnotizada por la llama de una vela. A mi regreso a Toronto cambié de supervisor y terminé mi tesis en los siguientes cuatro meses. Una paradita a tiempo para redirigir mis pasos, un aparente paso atrás para dar tres hacia delante. Tenía tantas cosas que seguir descubriendo que no había tiempo que perder. El final de mi tesis no era el fin del mundo sino el principio de una etapa que me iba a desviar a espacios, experiencias y universos paralelos que poco sospechaba entonces.

**India 1994**. Se van todos de regreso a Canadá y una fuerza irresistible me hace permanecer atrás. Sigo un camino y guion que improviso y creo a medida que lo voy trazando. Todo se configura para poder cambiar el billete de vuelta, aparco mi tesis doctoral un mes más y subo más arriba de Dharamsala al Retiro de Tushita. No hay espacio libre, hay que esperar un par de días y se da el caso de que se crea un lugar para mí. Habitación compartida, un catre y el saco de dormir es todo el lujo que íbamos a compartir durante dos semanas y tres días de silencio. A parte estaba la vigilancia para que los graciosos macacos no se nos metieran en la habitación y salieran andando por el recinto con alguna prenda personal. La fruta o comida ya se daban por irrecuperables. Aquel final silencioso iba a resultar ser la experiencia más ruidosa de toda mi vida. Imposible acallar las voces internas y los pensamientos que se atropellaban para hacerse un lugar en mi mente y casi colapsarla.

Era la prueba final tras dos semanas de meditaciones y enseñanzas que culminaron con una meditación donde se nos guió a representar nuestra propia muerte y la descomposición de nuestro cuerpo físico. La ausencia de respiración nos llevaba a un deterioro algo lento pero irremediable hasta llegar a nuestra total disolución. Excepto que yo sabía algo más que la mayoría de los presentes. Para mi sorpresa la experiencia no me causó ningún tipo de desasosiego, horror o ansiedad. Ya había estado al otro lado y sabía que lo que dejamos atrás no nos lo llevamos, ni estamos presentes en tal proceso de descomposición terrenal. Allí no había límites. Era yo igual, aunque a la vez estaba en todas partes, en un Todo donde yo me sentía dentro y fuera de mi hogar a la vez.

En retrospectiva se podría decir que muchos no estamos ni en nuestro cuerpo de forma consciente la mayor parte de nuestra existencia. Seguimos al rebaño obedientemente y, al igual que las ovejas descarriadas, sufrimos demasiado, como para eludir la ley del pastor y su perro fiel.

El segundo día del retiro, el maestro nos entrega la piedra filosofal:

*Si logras cambiarte a ti misma, cambiarás el mundo.*

Ni siquiera requiere filosofar; tan solo se requiere una aplicación sencilla de lógica de perspectiva y percepción. Fue un regalo que alivió mi sed por entender la pesadilla humana en la que siento he habitado desde que nací o, mejor dicho, desde que volví de aquel viaje inesperado hacia el interior del Todo. Y digo nacer por usar el término tradicional porque, con tanto cruzar el velo de esta existencia material, me encuentro casi permanentemente desorientada. Siempre lo he estado, aun caminando con un mapa en la mano (con *Google Maps* también me muevo al revés). Lo mío es preguntar a los lugareños, al menos interactúo y socializo un poco.

Lo anterior no sucede al otro lado pues, aun cuando la dirección la marca la luz y, a mi entender, nada más interfiere, es posible sostener la inercia y dudar por algún motivo. Pareciera que una vez en ese estado se intuyera que somos luz y esa experiencia nos reuniera con nuestra esencia divina. Bajo ese prisma, la iluminación pasa a ser un falso amigo, pues no se puede llegar a ser algo que uno ya es. Somos energía en movimiento. O como dijo Nietzsche en su última obra, «He aquí el hombre». cuya coletilla expresó en el subtítulo *cómo llegar a ser lo que uno es.*

Faltaría añadir que esta vez valdría la pena llegar con la conciencia más despierta y la dualidad más trascendida para no repetir la asignatura tantas veces.

**A la vuelta al pueblo**. Más al pie de los Montes Himalaya, tras las dos semanas en la montaña, todo era ruido y mis oídos se resentían. Quería permanecer allí el resto de mis días, pero tenía algo inacabado. Una tesis doctoral y mi familia que había hecho posible esa extensión de mi estancia en aquel lugar mágico y de transformación. Me arranqué con gran dolor de aquellos parajes del Himalaya con un resquemor silencioso. Esta vez me despertó otro tipo de luz. La llama de la vela que iluminaba la habitación de aquel hotel sin luz eléctrica me hablaba a modo de voz interior. Un estado que hoy en día encuentro en ocasiones ya de forma independiente del lugar que llamamos geográfico.

## II

# La llama-da

Desde un rincón de la habitación, mirando hacia la humilde ventana, me percato de las primeras sombras en las que se manifiesta el ocaso. El sol va descendiendo lento, tranquilo; una sombra de realidad se desvanece. Entretanto, otras llamas se consumen con tierna calma. Desde el rabillo de mi ojo siento como en mi cerebro vibran laberintos inexplorados con sonidos ancestrales. Alrededor de la llama de las velas, desfilan cuerpos de sombras danzando en un continuum armónico. El azulado alcanza al marfil, el marrón se funde en dorado. La alquimia tan natural como divina se presenta ante mí y dentro de mí. La mecha se desvanece. El humo que se desprende tiembla como el escalofrío de corriente que cruza todo mi ser. Me quemo un poco en la visión, una vida que se consume con cada latido, sufrimiento, inspiración, canción, poema. Lo llevo grabado en mi propio nombre.

*Otro regreso forzado a la existencia terrenal. Los hay que se dan mucha importancia. Sería más coherente dejar a otras fuerzas que ocuparan el centro del círculo. Aunque no necesitan permiso. La naturaleza va haciéndonos saber con cariño compasivo y contundencia cuál es el siguiente paso. La cuestión es hasta qué punto los humanos se resisten. A más resistencia, más estropicio y menos fuerzas quedan para continuar y ajustar las nuevas realidades.*

Estos nacimientos y otros posteriores me dieron a entender que no venimos a escaparnos de la existencia sino a completarla, revolcarnos en ella o surfear en sus olas si tenemos esa habilidad. Al percibirla bajo el prisma de nuestra luz interior y no a través de un espejo que distorsiona y se empaña con facilidad, estamos más cerca de nosotros mismos. No hay forma de perderse sin poder recuperar el rumbo. Tal vez ese sea el problema. Volvemos al mismo lugar del cual partimos. La ley del eterno retorno, reencarnación, nuestro karma nos atrapa. No me cuadra en estos momentos, aunque respeto a aquellos a los que consuela esa creencia. Creer es importantísimo, pero debo ser sincera con lo que siento y a mí me huele a otra versión de la vida regida por la culpa, o la irresponsabilidad de que, como podemos volver, nos podemos tomar licencias que no son poéticas sino otra fórmula de pecado original. Y, sin embargo, el budismo es unos 500 años anterior a la era cristiana. Algo más para reflexionar respecto a la esencia que llevamos depositada en nuestra condición humana.

Por momentos pienso que ya entiendo, que se trata de una matriz perversa. Una tela de araña que nos atrapa y no podemos abandonar a menos que nos sometamos. La ilusión de escapar es como un sueño dentro del sueño o tal vez una pesadilla encadenada e interminable. Siempre habrá algo que nos retenga, pues la idea de perfección humana encierra una contradicción en su propio término. No logro descifrar el sentido de mi regreso a esta vida. La repetición de la historia no tiene ningún interés para mí. Solo la maternidad tuvo y tiene momentos de increíble expresión de amor y arrebatos de dicha y plenitud, pero acto seguido acude el miedo a la pérdida, la angustia por la separación, aunque sea temporal.

**Años 2006-2008.** Estoy en el ascensor pensando que la mujer que me ayuda con las tareas de la limpieza me había fallado por segunda vez y había cobrado por adelantado. Esa mañana me percaté de que tenía una voz de profunda resaca. Yo agotada con el trabajo de la universidad con grupos de 90, 60 estudiantes y una niña pequeña, me sumí en la resignación. Entonces, se abre la puerta del ascensor y entra un hombre afable que, en un español roto, me ofrece limpiar. Venía del piso del vecino del quinto. Sin dudarlo le digo: «sí y puede venir esta misma tarde».

Man Cádiz, de origen filipino, había llegado gracias a su esposa Laurie que lo trajo legalmente por reagrupación familiar. Me sorprendió su apellido, no lo asocié con los apellidos que recibían los esclavos según su origen o dueño. Ante su primera pregunta algo insolente, sobre mi edad, pensé que era una persona bastante peculiar. El inglés que ambos hablábamos bien se convirtió en la lengua franca, pero más aún su meticulosidad que en ese momento no me extrañó, pues mi obsesión por la pulcritud la asociaba a mi madre y no a un trastorno que llevaba arrastrando y todavía arrastro, aunque de forma más liviana. Una de las frases más impactantes que me dijo un día me sonó a música celestial. Me dijo que me sentara y descansara pues él se iba a hacer cargo de todo. El padre de mi hija jamás pronunció una frase parecida ni después de perder dos embarazos muy seguidos y estar trabajando en un sistema universitario en el cual la conciliación laboral y la maternidad no se llevaban demasiado bien.

Pero a una le enseñan que todo es parte de ese rol y nunca hay que quejarse, ni cuando el cansancio o la frustración nos rompe por dentro. Man encontró trabajo de conserje y retomó el hilo su esposa, que era incluso más eficiente, y me propuso que le hiciera un contrato para traer a su hija. Fue coherente y bonito facilitar la reunión de una familia aun cuando la propia ya mostraba signos de graves fisuras. Cuando se despidió, Man me escribió la carta más respetuosa y de sincera gratitud que jamás nadie me ha dedicado.

*Las lecciones y acompañamiento en esta vida se originan en las fuentes más insospechables.*

**Año 2010.** A veces hay que atreverse a derramar emociones por los ojos, sin miedo. Es el corazón el que nos pide por compasión que le permitamos respirar un poquito más en profundidad. Es en el agua que se refleja mi recuerdo del mensaje de Ann: «Escoge tres arcángeles y haz un altar durante una semana. Pon agua, algo de comer, fruta o dulces, y escribe en un papel algo que desees conseguir de corazón».

Con toda mi formación católica, no dudo en seguir el ritual. Con todo mi desconcierto e irreverencia contra las instituciones, me pregunto con inocencia: ¿Cuántos arcángeles conozco? Algunos, me respondo. Escojo Miguel, Gabriel y… más allá de mi elección consciente, se me presenta el que resulta ser al final el más fascinante: Lucifer. Un arcángel muy marginado e incomprendido de luz azabache que ocupa nuestros pensamientos para que, a través de la tentación, nos afiancemos en nuestras creencias o las rompamos si no están a la altura.

Entro en un estado de total humildad y respeto y acepto su presencia solo para pasar a inundarme de una gran emotividad y compasión. Me dura varios minutos. Algo se rasga en mi corazón, que había estado en un puño desde que me atreví a romper mi matrimonio e irme con mi hija a un lugar donde poder sentirnos seguras y arropadas.

Acto seguido, recupero la situación y busco las cualidades de Lucy, como a partir de entonces la llamo.

La compasión, ¿qué puede ser más elevado que aquella alma que acepta su existencia para sostener y retener fuerzas denominadas oscuras hasta que somos capaces de superar nuestros miedos más profundos e irracionales, nos permitimos abrir un milímetro la trampilla de nuestros pensamientos y se cuela un rayito de luz?

Al despejar las sombras es muy usual descubrir tesoros que no podemos imaginar de antemano. Para poder dormir en paz hay que conquistar nuestras propias sombras. Ellas hacen acto de presencia para ayudarme a retirar velos innecesarios que nublan mi visión. Una vez despejadas esas cataratas circunstanciales, se revela un desnudo de oscuridades que va aclarando mis nuevas perspectivas. Una me relata:

Navegamos la misma ola:
tus párpados,
toboganes por los cuales me deslizo suavemente.
No se permiten atascos,
sólo el descenso libre
hacia tus pestañas,
comas magnéticas,
abrazos que interceptan con ternura
nuestra irremediable caída.

## III

*El cursor parpadea, me susurra: «Estoy aquí, no te quepa la menor duda. ¿Me percibes? Me hallo en la intermitencia que ves y no ves. Me genero por un segundo en la rayita perpendicular del cursor y luego desaparezco para que sientas mi ausencia y esperes con ilusión mi regreso. Vivo entre una certeza y tu duda. ¡Es tan delicada y sutil mi presencia! Sin embargo, tengo la firme intención de hacerme notar. Mejor así que congelándome y obstruyendo la fluidez de nuestra conexión divina».*

A menudo los humanos andamos sonámbulos o dormidos por la vida hasta que nos salen al encuentro sombras en las que habita el miedo, el sufrimiento. Entonces, nos vemos obligadas a poner atención y observar lo que se requiere de nosotras. La elección está entre vivir en coherencia o bloquearla y lidiar con el efecto de acciones erradas que implican el alimentar los mismos errores. He ahí el famoso libre albedrío. Que cada cual entienda la magia según sus capacidades y desarrollo personal. Aquí no hay niveles mundanos, sino un orden mucho más complejo y a la vez sencillo y transparente para quien lo sepa ver.

*Sopla la nube que te acompaña antes de que su espesor se densifique. Siente como una lluvia fina limpia tu cuerpo y aclara tu visión.*

## 1989-1990, Bloor Street, Toronto.

Me encuentro en una cafetería con René Rodas, un poeta salvadoreño exiliado con asilo político por intercesión divina, sin duda.

«¿Cómo estás?», me pregunta.

«Fatal, me estoy naciendo», le respondo. Me percato de su mirada de sorpresa, como si hubiera dicho algo raro. Seguidamente me dice: «Eso suena muy bien».

Me sorprendo de que le llame la atención. No sabía que era poeta, solo sentía y me expresaba escribiendo como si la vida me fuera en ello. Llenaba cuadernos y no iba a ninguna parte sin ellos por si se me desbordaban los sentimientos poderlos contener en ellos y no causar ninguna inundación repentina.

Recuerdo que escribí en mi cuaderno mientras viví en la calle Manning Ave: «La imagen más cercana a como me siento en esta existencia es como si estuviera nadando en un lago cristalino cubierto con una fina capa de hielo y tuviera que avanzar a pesar de que con cada brazada de vivencias y contacto me voy cortando y haciendo jirones la piel».

Náusea indescriptible y un nudo en la boca del estómago me acompañaron en Canadá durante una década. Solo tenía breves momentos esparcidos de alivio que supongo fueron benevolencias del destino para hacerme notar el contraste. Esos momentos me señalaban una dirección para recordarme algo que no descubrí hasta después de mi viaje a la India. Una amiga pintora israelí fue la mensajera que me dio la clave: «Hay un antes y un después de un viaje a la India».

«Necesito encontrarme con mi después urgentemente», me dije, y ahí sentí un gran alivio. Ha sido un gran aprendizaje que ha dado increíbles frutos en el árbol de mi paraíso personal.

No es necesario desmerecer a los que nos rodean para contrastar la existencia fuera de nuestra zona de confort. Una joya que luce en su etereidad. No te definas más en los espacios geográficos. Creemos potenciales para que los ojos que se vayan posando en la página los completen. Esto da libertad. ¿A qué no sientes la náusea ahora?

«No», respondo con alivio.

## 13 de diciembre de 1999. Hospital de Barcelona.

Toma la palabra la emoción de la siguiente imagen que ha acudido a mi pantalla mental. El parto de mi hija Yasmin. Los dos intentos anteriores quedan integrados en un pasado necesario para llegar a ese momento. Se retiran discretamente sin clamar protagonismo en este acontecimiento tan conmovedor. Sólo una imagen me auguró que mi primer embarazo no iba a fructificar: un paseo por el bosque nevado de High Park en Toronto me llevó hasta unos pétalos de rosa de terciopelo rojo intenso en medio de una zona de nieve virgen. Busco las pisadas, pero no las hay por ninguna parte, palomas mensajeras los han depositado ahí. Me advierten de la separación inminente de una parte que llevo dentro. Unos años después, en Barcelona, vivo cada una de las primeras contracciones en el cine con gran emoción y expectativa. A media película de *La lengua de las mariposas*, se hace evidente que hay que salir. Mi esposo no está convencido a pesar de ser médico, pero yo le convenzo con un fortísimo apretón de mano al compás de cada una de ellas.

Como si de una crisálida portátil se tratara, mi enorme redondez de 16 kilos más que mi peso habitual rodó discretamente hacia la salida de la sala. Al cabo de unas horas, en la fecha prevista, acudió con sorprendente puntualidad la mariposa más hermosa que hubiera podido imaginar. Las alas invisibles estaban compuestas de una luz radiante que el mismo día de Santa Lucía anunciaba el calendario. Tuve el privilegio de parir sin dolor y sin perderme ni un instante del proceso pues la comadrona, después de haber dilatado ya 6 centímetros, me dijo: «Si quieres la epidural tiene que ser ahora. La expulsión duele, te lo dice alguien que ha parido tres veces, disfruta tu parto…».

Y así fue como parí sin sentir partirme en dos y con el placer añadido de ver cada paso mediante un espejo que mi médico hizo colocar en el quirófano. Fue lo contrario de lo que ocurrió durante la pérdida de dos embarazos anteriores, el último de 5 meses, donde nadie se molestó en ofrecerme un poco de alivio, sino emocional al menos físico. Así pues, Yasmin llegó sin dolor. El dolor llegó años después tras mi divorcio. En el parto, sin embargo, todo fue muy bien a pesar de tener 38 años y, por tanto, estar clínicamente catalogada como alto riesgo.

Las siguientes horas fueron casi de éxtasis, la unión seguía, pero me podía mover con un poco más de soltura. Para mi horror, relativo y suavizado por la alegría del acontecimiento, me había quedado con once kilos de más, que fui perdiendo en el curso de los siguientes meses pues, obcecada como soy y creyendo en el poder de la naturaleza, y la persuasión de mi madre, amamanté nueve meses y en seis reencontré mi propio equilibrio físico. La lactancia hizo su papel y mi cuerpo siguió a pies juntillas sus indicaciones con estricta diligencia. Al final, ya podía volver a verme los pies sin tener que inclinarme sobre el balcón frontal de mi vientre.

## IV

*La reverencia implica un acto de humildad y comprensión más allá de la inmediatez de las circunstancias. La irreverencia es, por tanto, una actitud de ignorancia y parcialidad. Reconoce que muchos de tus sufrimientos se ven avivados por estos hechos.*

*Suelta ese clavo ardiendo, sigue adelante y dale más oportunidades a la calma, la armonía, el sosiego y la felicidad. También se lo merecen. De poco sirve criticar y polarizar infravalorando al contrario para ensalzar nuestra postura… es de una pobreza indigna. Aunque la pobreza puede ser muy digna también cuando hay en ella coherencia y aceptación de una elección cumplida. Al reconocerse, esta en el espejo se dice: «Ya te conozco y te veo. Ahora vamos a cambiar algo y ampliar posibilidades». Ante esa propuesta inesperada, a la pobreza se le descompone la expresión y es ese el comienzo del desvanecimiento de la carencia en un acto de fe original.*

## Otoño 2008, Barcelona.

Si me escapo con mi hija, todo irá bien. Él nunca está en casa. Ahí ya no hay una familia de tres. Guardias de fines de semanas y entre semana, Navidad y Nochebuena, Nochevieja y sobre todo noche eterna. Las ausencias van haciendo mella en nuestra hija de 6 años, cuyas dos preguntas recurrentes ante las llamadas telefónicas de su padre eran «¿vienes a casa esta noche papi?» y «¿te quedarás?».

Lo curioso es que, cuando nos vamos y muevo los papeles para el divorcio, sale a escena una secuencia de dramática lucha por una custodia compartida irreal e imposible de cumplir por su parte. Se siguen juicio por retirar la cuota de la mutua de salud de nuestra hija, juicio para quitarme una nimia pensión compensatoria a mí, pues no trabajaba y estaba a cargo de la niña al 150%. Lo consiguió y tuve que devolverla al cabo de un año pidiendo prestado la cantidad recibida.

*No entrar en elaboraciones, la gente está hastiada de este tipo de relato y experiencias. Niégale el protagonismo. Mejor recuerda aquel semáforo que encontraste en Vía Augusta.*

Mientras esperaba en un semáforo en rojo, justo tras hacerme mentalmente la pregunta «¿estoy haciendo lo correcto?», el semáforo cambió a verde y me mostró un corazón espectacular. Sin duda, para las mentes racionales y la mía en ese primer momento también, tenía una parte de la luz fundida. La otra opción era peor: ¡se trataba de mi imaginación, pasada de rosca! Dos días después pasé por el mismo lugar con mi hija y le dije: «Mira ese semáforo, a ver qué pasa cuando se pone en verde» y, ante nuestra mirada de sorpresa sonriente, siguió el corazón en verde neón. Se nos daba la nota amorosa para esa circunstancia que iba a provocar mucho más dolor de lo necesario durante los siguientes 12 años.

Se pierde el hilo cuando la violencia no deja huella externa y se perfecciona la negación. Sin embargo, esta última, espera, cual volcán, a que una fisura destape lo que llega a acumularse en nuestro interior y ruja como volcán en carne viva. No hay meditación ni gurú que pueda acallar la inmensidad de la naturaleza humana cuando nos tocan a una de nuestras hijas o hijos. Algunos pintores lo han expresado en la sublimidad que despierta un paisaje de tormenta ante el cual se discierne el diminuto lugar que ocupamos los seres humanos en este universo.

Deméter nos dejó testimonio y ejemplo del poder de la fuerza natural femenina de congelar el tiempo hasta que se restaura un equilibrio consensuado entre el inframundo y la superficie. Otra bella historia para las numerosas Perséfones que con su síndrome habitan la superficie de una existencia inocente hasta que algo o alguien las engulle y se las traga la oscuridad de otras posibilidades. Pocas saben en este instante, sin embargo, que en este rito de pasaje está el poder del renacerse que rige el otro lado de la oscuridad una vez atravesada. No hay infierno eterno más pernicioso que el que se nutre del miedo y nos transforma en estatuas de sal que pierden la fe. Tristemente llegamos casi al final del camino y a menudo quedamos solidificadas por nuestra fijación en lo que fue y no en el potencial de lo que puede y podemos llegar a ser.

*Dejémoslo ahí o el hilo se podría enredar.*

## 11 de noviembre de 2021.

Hoy es lo que algunos denominan un día portal. Tiene una puerta potente porque es 11 del 11 y este número lleva consigo un propósito para aquellas personas que son conscientes de ello. Para mí es un número espejo, me devuelve la misma imagen con exactitud. Más allá de lo que implique, está el observar con atención lo que acontece en nuestro interior y alrededor. Si se hiciera a diario, no habría ningún día sin milagros. Hoy espero con más ilusión los míos. El primero ha llegado al abrir los ojos esta mañana. Sin saber por qué, la imagen que veo en el espejo de mi mente es a mi madre que me lleva a un momento de mi estancia en Toronto.

**Toronto.** En medio de mis años de terapia, siento la profunda necesidad de que mi madre me escriba una carta por correo ordinario. No una postal sino una carta de su puño y letra. Espero con gran ilusión tener un trocito de papel que haya pasado por sus manos y unas palabras que hayan surgido de sus dedos con todo su amor y atención. Llegan y las leo. Son sencillas, con una letra escrita de forma artesanal, pues no sabe apenas escribir dado que a los 12 años tuvo que dejar la escuela para trabajar en el campo, recoger aceitunas o lo que fuera de temporada para subsistir en una Andalucía de ricas tierras y pobres explotados. Lavar por la noche la ropa puesta para poder tenerla limpia al día siguiente era la rutina ineludible para andar con limpia dignidad.

Al cabo de los años, me dice mi hermana que el proceso era conmovedor, pues ella le escribía primero la carta que le dictaba mi madre y, acto seguido, mi madre la copiaba para enviármela. Si tuviera caja fuerte, las cartas estarían guardadas allí como las joyas más preciadas.

*Sigue revisando recuerdos selectos, vuelve a pasarlos por el corazón, pues tienen un significado más profundo en tu memoria de lo que te imaginas. Son los que te nutrirán y recompondrán para la nueva etapa que se avecina. Hay que estar muy compuestos, en coherencia y enfoque, en estos tiempos. Se vaticinan grandes polarizaciones entre nuestros dones internos, capacidades potenciales que llevamos en nuestro ADN divino, y una inteligencia artificial cuya comercialización va en alza. La virtualización de la tecnología al alcance de los ignorantes se va a convertir para los pobres de espíritu en los nuevos grilletes dorados de la era ya denominada transhumana.*

*La transparencia es otro elemento fundamental en un momento de grandes psiquismos. En este paraíso terrenal, la mentira se hace cada vez más visible de inmediato. Aquel que propaga la mentira no percibe que*

*se ha convertido en ella y ha ahogado a su alma sin descubrir el sacrificio*
*que le supone su elección.*

## 28 de noviembre de 2008.

Fuiste el último en felicitarme el cumpleaños. A las 9 de la noche
me dices, como de paso: «Hoy era tu cumpleaños, ¿verdad?».
Asiento con la cabeza. Recuerdo que sentí náuseas unos instantes
que se borraron ante el vivido recuerdo de haber recibido mi primera felicitación a las 6:01 de la mañana. En el mismo instante
en que el reloj marcaba las 12 de la noche en Toronto, un amigo
fiel me enviaba su felicitación. Un minuto de distancia temporal
fue lo que se demoró un rayito de cariño en viajar 6.398 kms
para llegar a mí y sostenerme aquel día que en mi matrimonio
ya no éramos dos sino tres, sin contar a mi amigo y a parte de
nuestra hija.

*¡Suficiente! Sigue con el impulso que un amor, incluso platónico,*
*puede dar para lanzarte a lo más alto sin necesidad de ningún proyectil*
*o mecanismo adicional.*

Las enseñanzas de algunos maestros que caminan sobre esta
tierra se sucedieron al liberarme de la camisa de fuerza que supuso para mi creatividad y mi alma un matrimonio tóxico para
ambos y, en cierto modo, más allá de nuestra voluntad. Triste,
pero sincera conmigo misma por primera vez en mucho tiempo,
empiezo a volar. Las experiencias metafísicas me desbordan y
solo las puedo compartir con gente muy concreta que no van a
calificarme de loca o esquizofrénica. La mística cristiana, el sufismo iraní, budismo tibetano y zen, chamanismo indígena del

norte y del sur del continente americano, y las almas de otros espacios acudieron a mi ayuda; fueron mi destino y mi salvación. Al principio muy intensas y tan fantásticas que quien lo vea conveniente las puede clasificar de fantasías, realismo mágico o pura ficción. Esta es la libertad y el derecho que cada lector tiene para contemplar este rico momento que nos brinda la ciencia con sus teorías de cuerdas, metaversos y multiversos paralelos.

La señal de salida de mi matrimonio y mi etapa de gestación y renacimiento espiritual consciente se dio un día de otoño, aunque no importa el detalle, solo que hacía un día radiante y estaba esperando a Elsa para pasar un rato juntas charlando y tomándonos un té. Acababa de hacer una meditación nueva que consistía en unos ejercicios de respiración potentes y al compás de una música que me subió la adrenalina a niveles muy fortalecedores sin causarme desequilibrio alguno, más bien una sensación de empoderamiento y confianza en mí misma.

Esperaba y no quería ir al baño en caso de que llamara mi amiga y no pudiera llegar al videoportero. Al oír la llamada, veo por la pantalla a Elsa con un jersey amarillo, una cola de caballo que era inusual en ella y haciendo un gesto como metiendo algo en su bolso que no alcancé a ver. Me quedo al lado de la puerta y como no llega, abro, espero, cierro, espero unos minutos más pues igual no funciona el ascensor y es un cuarto piso. Miro por las escaleras, por allí no subía nadie y me preocupo por si se ha caído o le ha pasado algo. Vuelvo a cerrar la puerta, espero un par de minutos más y la llamo por teléfono. Me contesta y me dice que justo acababa de llegar, llama, suena el videoportero y veo exactamente todo lo anterior y ahora compruebo que lo que estaba metiendo en el bolso era el móvil. Casi no puedo respirar. Vuelvo a abrir la puerta del portal de la calle, sigo al lado de la del piso como congelada y por fin suena el timbre. Abro y esta vez aparece Elsa que al ver mi expresión exaltada me pregunta qué ha pasado. Yo le hago jurar que me asegure que acaba de llegar y que solo ha llamado al timbre una vez. Me lo asegura varias veces sorprendida de mi incredulidad. Además, qué interés tendría en mentir por algo que ni sabía aún que había sucedido.

Nos sentamos y se lo cuento todo. Entraba un sol cegador. El televisor se encendió y apagó varias veces mientras conversábamos y yo veía en frente de mí, con los ojos abiertos de par en par de asombro, la figura de Elsa convertida en un chamán de piel más oscura que la suya luciendo una diadema de plumas largas y finas con unos tonos marrones. Cerraba los ojos, los apretaba y sacudía mi cabeza, pero allí se manifestaba de nuevo la imagen. Ella esa noche tuvo un sueño lúcido que se tradujo en un mensaje muy profundo para ella. Había cumplido mi tarea de emisaria más allá de mi propia comprensión. Un año después, en un reportaje sobre Machu Picchu y una ceremonia de chamanes de Latinoamérica vi las plumas y pude mostrárselas a mi amiga.

Ahora tras más de 15 años, en el futuro respecto a aquel momento, comprendo que llegar a otros niveles de conciencia o dimensiones no es una cuestión de moverse en lo que conocemos como espacio geográfico y tiempo lineal. Las frecuencias, energías y lo que llaman algunas personas dimensiones son estados a los que llega un ser a medida que la vida le proporciona retos y los va superando y trascendiendo más allá del patrón tan limitante de la dualidad. Ni siquiera es recomendable forzar ser bueno sino estar atento a lo que atraemos, pues es la clave de lo que necesitamos para nuestra evolución. La rapidez con la cual se manifiestan nuestros pensamientos para bien o para mejor indica ese grado evolutivo.

Lo cierto es que la energía no entiende de bueno o malo, solo está ahí a nuestra disposición y somos nosotros los que la encauzamos para lo que luego se define como una buena causa o no. Aun así, según el momento en que observemos una acción, lo que en un principio puede parecer positivo se puede convertir en un fracaso o error de gran magnitud. Nadie dijo que la trascendencia de la dualidad fuera un juego con reglas obvias e invariables. Más bien lo contrario. Lo que ahora creo que se podría denominar de dinámica logarítmica encajaría mejor en cómo se han ido sucediendo acontecimientos de mi vida en general.

V

No me cabe la menor duda de que mi vida en Canadá, aparte de estar destinada a escribir una tesis doctoral, estaba ligada a otra trayectoria que, en paralelo, iba desplegándose de forma fluida y natural ante unos ojos que aún no veían correctamente las visiones que le aguardaban en su interior. Me proporcionaba gran sosiego ser parte de ese plan en paralelo. Las manifestaciones habían comenzado en una etapa anterior mientras enseñaba en el programa de la Mujer de la Universidad de Toronto, actualmente llamado de estudios de género. Fue cuando me apasioné y me vi involucrada en la coordinación del proyecto denominado *Por la revitalización de la columna vertebral del Cóndor y del Águila*. Dos nativos americanos me entregaron una pluma cada uno, una blanca de cóndor y la otra de águila. Era como si habitara y me desplazara medio flotando por otro espacio-tiempo en el cual, para mi sorpresa, me sentía muy cómoda e integrada. Martha viajaba con su hijo Huáscar de cinco años y su llegada a Canadá no estuvo libre de numerosos altercados, incluida la desaparición de su pasaporte antes de entrar a México. Me vi en la posición de tener que llamar a la embajada mexicana. Ni recuerdo siquiera como le proporcionaron un visado para cruzar México, pasar por EE. UU. y finalmente llegar hasta Canadá.

Yo estaba entonces preparando un viaje a España pues a mi padre le diagnosticaron un cáncer de próstata y a su vez se me hacía imperativo un viaje a la India con un grupo budista de Toronto. El proyecto del viaje me atraía como si mi vida me fuera en ello. A pesar de la complejidad de la situación se combinó todo para que, aun cuando yo no sabía que iba a permanecer en la India un mes más de lo previsto, yo llegara al continente norteamericano justo cuando Martha llegaba a San Francisco.

A mí me habían aceptado una ponencia en un congreso sobre *Borderlands*, fronteras o territorios limítrofes. Le ofrecí mi espacio a Martha, los organizadores de la mesa aceptaron con gran interés y me encargué de la traducción directa... El propósito y otra etapa del viaje, unido a mi presencia y mediación *meticulosamente gestionada* por otros niveles ajenos a mí, pudo completarse con éxito.

Esto es surrealista y ahí en sándwich están mis dos meses de despertar extrasensorial en la India.

*No te preocupes por la falta de linealidad de tu relato. En realidad, la mente humana no se rige por líneas sino por un hermoso entramado mucho más rico y complejo; este a su vez se nutre electromagnéticamente y emite las señales sin formato específico. Más bien funciona por impresiones e impulsos que cada uno traduce según su capacidad y evolución personal. El mismo contenido emitido por una fuente original se traduce e integra de forma distinta según el receptor y está bien así, de lo contrario se podrían producir cortocircuitos no deseables.*

## Almuñécar, noviembre de 2021.

Cambio las sábanas de mi cama desde el último viaje. Siempre las dejo limpias y puestas por si me puedo escapar al cabo de unas semanas, pero suelen pasar meses hasta la próxima visita. En un impulso me las acerco a la cara y el olor a casa vacía y un resquicio de humedad me traen a mi madre sin segundos de diferencia. La emoción instantánea es tan fuerte como inesperada y me sobrecoge hasta tal punto que rompo a llorar irremediablemente sin entender bien por qué. No tiene razón de ser, pues hace ya 9 años que falleció. Pero los sentimientos no entienden de razón y en nuestra memoria cabe todo más allá del tiempo y el espacio terrenales.

Una simple inspiración evocó una retahíla de recuerdos y emociones que se tradujeron en una invasión de aleteos de nostalgia por todo mi cuerpo, anhelo de aquellos momentos en que su presencia me daba una profunda sensación de serenidad y paz. Ella estaba. Aparte se ocupaba del hogar y los demás nos nutríamos de esa presencia. Su cuerpo pequeño transmitía la fuerza y paz que surgen al sentir que todo está bien y nos sentimos a salvo y protegidos.

Muchos sabios hacen una analogía muy sugerente que los humanos no solemos ser capaces de practicar. En el islam se dice que el cielo empieza a los pies de una madre. Otros aluden a las flores y a la naturaleza como ejemplo por su aceptación de la realidad, la obviedad de que el sol sale siempre de nuevo y ellas no se preocupan ni se estresan por el futuro. Del mismo modo, existen circunstancias que se repiten para bien o no tan bien de los que las viven. La ley del eterno retorno que se cruza y confluye con la ya conocida ley de atracción. Ahí está el quid de una cuestión que se suele pasar por alto. Los patrones se repiten, aunque el tedio y nuestra falta de creatividad nos condicionan a un nivel de sonambulismo automático.

La madeja que la sociedad me presenta está ya tan enmarañada que solo mirarla me condena a intentar desenredarla un poco y, a partir de ahí, quedo atrapada casi sin remedio. Sin embargo, hay madejas que veríamos si dejáramos que nuestra mirada se vertiera hacia otros espacios. Por ejemplo, el espacio interior que a fin de cuentas es lo que crea nuestra realidad externa.

Hay veces en que no sé si imagino o la imagen entra en mí para que la perciba. Si imagino y sostengo un proyecto, sueño o idea el tiempo suficiente empieza a conformarse en la realidad, sobre todo si otras personas lo sostenemos y no nos enzarzamos en la competitividad de quién va a liderarlo o llevarse los honores. El afán de protagonismo nos pierde. Tanto destacas, tantos vales y así vamos creando más y más incoherencias internas hasta que nos convertimos en una madeja enmarañada. Un amasijo de nudos que no nos permite respirar. El oxígeno, entonces, no llega en condiciones a nuestro cerebro que se va atrofiando progresivamente. El rebaño queda listo para ser manejado a gusto por los dirigentes de ovejitas obedientes.

*En la era de la divulgación virtual y dada la popularidad de algunas teorías cuánticas, estas dinámicas aún se sostienen, pero van cayendo por el peso de los cortocircuitos que nos provocan y todas las nuevas disfunciones que sufre nuestro sistema neurológico.*

«No hables de esas cosas, la gente no entiende y va a pensar que estás loca». Ya el papá de mi hija intentó utilizar ese argumento para quitarme su custodia, pero mi abogada me miró asombrada por pensar que eso podía ser posible. Llevé mi libro, publicación de mi tesis doctoral en Canadá, a la vista con la jueza. «Yo también soy Doctora —pensé—, que lo vean», pero la jueza hizo un trato muy distinto del título. Él es médico y lleva un traje impecable. El traje enmascara y protege, aunque no haga al monje. Una imagen vale más que mil palabras, *Dr. Jekyll y Mr. Hyde* sería una analogía muy pertinente aquí.

> *No des más protagonismo a una sombra que no tiene intención de mover pieza. Al ignorarla se hará cada vez más insignificante y diminuta hasta que ¡puf! se desvanezca de tu mente y desaparezca de tu universo personal y de estas líneas. Somos magas y ejercemos nuestra elección de usar nuestro don de crear nuevas fórmulas y hechizos. También hacen falta nuevas formas de liderazgo. Primero lidérate a ti misma. Encuentra nuevas formas de equilibrar todas tus partes; las emocionales, físicas, mentales o psicológicas, energéticas. Forma un equipo. Reconoce dignamente a cada una de ellas, el avance será coherente y en tándem. Ninguna de las partes necesitará mayor protagonismo en solitario, pues es el conjunto lo que permitirá avanzar con toda su potencia y potenciales.*

No voy a revictimizarme, pues he recibido oportunidades que nunca hubiera podido imaginar. Esos son mis más sólidos cimientos… *curiosamente iba a escribir silencios.* De mi subconsciente surge esa palabra que, como un corcho retenido a la fuerza bajo el agua, es soltado y aparece sin remedio.

Sin silencios no podemos oír la voz del alma. Blavatsky los encontró en los templos de tierras lejanas de Oriente y así recopiló sus hallazgos en la breve obra titulada *La voz del silencio*, fragmentos del libro *Los preceptos de oro.* Tal vez de ahí la analogía, el silencio es oro. Sin embargo, no existe el silencio en soledad. Se trata de una tregua a nuestra voz externa para oír la jauría de voces y frases que se atropellan por expresarse desde nuestro interior. El silencio es el que lidera y organiza a las partes hasta que se alineen. Los ecos no nos simplifican la comprensión.

La voz del silencio debería llevar a la ninfa Eco como protagonista. Eco, una figura que curiosamente, o tal vez no, aparece en relación con el personaje de Narciso, tan ensimismado que no se relaciona con el entorno. No ve a nadie más que a sí mismo en un espejo distorsionado de su figura y por ello está condenado a ahogarse en su imagen. Es su incapacidad de relacionarse con la expresión del amor que le rodea lo que condena a Narciso a no distinguir y le impide vivir a través de esos otros reflejos de sí mismo. La experiencia mito-poética es un valioso punto de referencia para experimentar la dualidad humana y trascenderla. No prestarse a tal experiencia nos lanza a una fusión con la inocuidad de nuestra propia existencia.

De nuevo la oigo:

*Ante el sufrimiento muchas personas hablan de llevar su cruz con resignación, usualmente, como resultado de llegar a un* impasse *ante una situación que no pueden controlar por más que lo intenten. Lo cierto es que sólo llevan media cruz, es decir, el tablón horizontal que representa la experiencia humana en el plano material. El poste vertical se arrastra por ignorancia, pues representa nuestra conexión directa con los planos divinos más sutiles que se hallan más allá, por encima de nuestra experiencia terrenal física. Cuando un ser despierta en vida, no se identifica con cruz alguna. Más bien aparece una especie de radar que se modula según las circunstancias y que mide y ajusta las emociones y otros factores según un sistema energético variable.*

## Almuñécar, noviembre de 2021.

Me llama mi abogada para comunicarme que el último juicio que hubo con el padre de mi hija falló en contra mía y me reclama los gastos de sus costosos abogados. Un *impasse* en mi sistema me provoca una subida de tensión repentina que casi me cortocircuita. Reflexiono sobre cómo el universo sigue favoreciendo un caso que lleva una mentira y agujero inmenso en su centro y no se desmorona tras más de diez años de abusos y violencia vicaria. La parte masculina de esta ecuación se protege dentro de un sistema judicial machista. Salgo del tema aplicando mi más potente radar para elevar mi frecuencia a un plano que me proteja de este tablón de madera podrida que intenta aprisionarme y ralentiza mi proceso de sanación y el de mi hija. La dualidad y la polarización del tema no funcionan. Sólo me queda salir del juego y trascender mi victimismo. Metamorfosis urgente con un verdadero acto de fe. Esta película ya la he visto y no voy a seguir pegada a su programación. No le voy a prestar ni un segundo más de mi atención. Punto y final.

*Fíjate en el ondear de la hoja de palmera que ves por la ventana. Respira el viento que la mueve. A la derecha, la rama de la buganvilla roja se ha colgado del cable de la luz describiendo un arco alzado como el brazo de una graciosa bailaora de sevillanas. «¡Que nos quiten lo bailado!», parece clamar.*

Ha salido el sol a pesar del pronóstico de tiempo nublado. Nada está escrito de forma definitiva. El universo nos sorprende amorosamente ¡si tan solo parásemos un instante para registrarlo en nuestra selectiva mirada!

*En este otro ahora, el cielo bendice con una lluvia fina, constante y sincera. Se alivia el ambiente inflamado y suavizan las agresiones fogosas que a menudo dirigen los actos y pensamientos humanos. Para algunos será el momento de soltar algunas lágrimas reprimidas. Soltar, permitir que fluyan las emociones de forma pausada pero definitiva. Esta parece ser una tarea digna para un día gris como hoy.*

No tengo fecha exacta, pero en mi primera etapa en Toronto lloré durante meses. Un duelo extremo de mi familia y de mi hogar. Sin embargo, huía de la gente, no podía acercarme a ellos, para mí no desprendían calor humano hasta que empecé a conectar con personas de Latinoamérica, hablaban igual y distinto. Era interesante y divertido pasar tiempo con ellos, muchos eran poetas o académicas en vías de formación. La sorpresa fue ir conociendo sus orígenes y las circunstancias personales que los habían llevado a residir en Canadá. En la mayoría de los casos no era una beca como la mía, dotada de fondos para vivir bien, sino una huida para salvar la vida y con suerte la salud mental también.

Un día surgió el número 33 en un libro. Todo me llevaba al 33. Iba como flotando por la ciudad sin entender qué hacía yo allí prolongando mi año de investigación original. En definitiva, fue el precedente de mi viaje a la India y mi edad ese año. Nada es coincidencia. Se trata de un número que representa fin y comienzo de ciclo de vida y encaja a la perfección con la siguiente etapa de la mía.

Cuando conocí al padre de mi hija, no fue un flechazo, ni mucho menos. Sí una energía distinta, suave, nada intrusiva y bastante femenina. Me dormía en sus brazos y sentía que podía bajar la guardia respecto al mundo exterior. Y la bajé y fue un embarazo tras otro hasta el tercero en unos 14 meses. El último que se completó hasta sus 9 meses. Estaba claro que si alguien me iba a facilitar ser Madre era él…

Hoy se ha colado un globo blanco en mi balcón. Los globos siempre han tenido un lugar emblemático en mi vida. Han aparecido en momentos de desesperación para hacerme un guiño de complicidad desde otro nivel, en el que no rige una lógica *deshumanizada*. Aquellos que se sienten atrapados en una piel que ya se estira demasiado para encajar en el molde, entienden que esta lógica limitante nos ofrece las migajas de una salvación temporal.

## VI

*¿Realmente quieres repetir una variable de historia humana cuando tu corazón está en otro espacio más etéreo? Honra tus sentimientos y tu voz interior. Escucha dentro, pues fuera se reproduce un eco distorsionado de la realidad que se vive en el mundo imaginal de tu pensamiento espíritu. Deja de esconderte tras las palabras expresadas por la proyección fantasmagórica de lo que llamas personas que te rodean. Atrévete a recibir lo que hace décadas estás componiendo a escondidas… creer implica crear la realidad a partir de esa creencia. No te sorprendas cuando te llegue algo deseado y no le niegues un rincón en tu existencia porque se desvanecerá tan pronto como haya aparecido.*

*Hasta este momento te has refugiado en tu vida externa. Los traumas son potencias muy valiosas para un ego victimista. Te arropan y alimentan las heridas, las ahogan, pero no las sanan. ¡Cuánto dan de sí las heridas! Más aún si las muestras sangrantes.*

El sacrificio se ha manipulado en extremo. Las imágenes de santas, mártires, seres *crísticos* y vírgenes con todos los nombres del calendario son prueba de ello. Cuanto más sufrimiento, mejor.

A menos que se mistifique y tal vez, si la inteligencia es de un nivel elevado, se evada la hoguera, aunque no la enfermedad. Sor Juana Inés no es santa. Su inteligencia prodigiosa no fue nunca un buen ejemplo para compartir con el rebaño. Sacrificar en su significado más profundo es elevar algo a un estatus sagrado y no hay indicación de que tenga que ser por sufrir sin cesar. Hacer sagrado es algo hermoso también, como el nacimiento o llegada de una nueva alma a este plano físico. La configuración de lo que se denomina espíritu en carne implica un proceso de ajuste impresionante a esta realidad, lo que no es un sufrimiento si al final del camino se renace en vida. Quien haya dicho que hay que parir con dolor ha sentenciado al silencio a las mujeres que lo han logrado sin ello. ¿Cómo castigaría un padre-madre a sus hijos a una condena tan ruin cuando la vida es lo que se genera normalmente al final del proceso?

La vida duele cuando se espera dolor de ella, ya que esa programación hace que los seres humanos se guíen por lo que causa dolor, lo busquen y lo que es peor lo encuentren. Y si no lo encuentran no se paran sin culpa a disfrutar, sino que lo niegan, rechazan y siguen buscando. Como diciéndose «algo no va bien si soy feliz». Después de todo, ¿qué se puede esperar de la felicidad? ¿Celos y envidia? ¿Tal vez más felicidad? ¿No hay otro dicho que advierte que somos lo que ingerimos, fisiológica, emocional y metafóricamente? Bueno, sería hora de que corriera esa voz también…

*¿Quién se atreve a crear en este espacio sin que se edifique solamente sobre bienes materiales? ¿Qué haríamos con nuestras vidas si realmente no tuviéramos que trabajar como zombis para cubrir las necesidades básicas como comer, tener un lugar confortable y seguro en el cual habitar? Algunos lo llamarían paraíso y se aburrirían someramente. Empezarían a reflexionar sobre su existencia y el propósito de ella. Otros*

*buscarían entretenerse conquistando y explorando lugares nuevos como el principio de los tiempos. Siendo esta una realidad de dualidad, nos espejearíamos en el otro; esperaríamos a vernos en ellos y, si el reflejo no nos convenciese, intentaríamos cambiar a esa imagen reflejada en el espejo en vez de nosotros mismos. Tal es la obsoleta programación que rige en la gran mayoría de la población humana «civilizada». Para deleite de los que saben, se utilizan esos conocimientos para controlar a unos muchos en beneficio de muchos pocos.*

*Y se sigue pecando, errando el blanco que es lo que realmente significa la palabra «pecar» en arameo según una etimología más neutra desprovista de moralidades astutamente programadas.*

## VII

## Diciembre 2021.

Escucho programas en Gaia, canal alternativo y bastante independiente. Me magnetizan sus contenidos sobre seres de otras dimensiones y multiversos. Siento, por mis propias experiencias, que hay mucho material que integrar y recuperar de entre los códigos guardados en nuestros circuitos internos. ¿De dónde proceden las ideas, los extraordinarios inventos que se suceden exponencialmente y la creatividad espontánea sino de una especie de base de datos más allá de nuestro cerebro físico?

Me presto al relato que surge por acto de creación a medida que se van posando las letras y las palabras sobre la línea invisible de la página. Se conjura el potencial para un cancionero de silencios. No es muy honesto por mi parte reclamar la autoría de algo que fluye por mi ser de forma natural y sin forzar. Una propone, pero son las fuerzas de nuestra naturaleza y el universo los que disponen. Eso sí, cuidando la selección de las palabras para generar armonía a partir del caos que bombardea incesablemente nuestras mentes. Esos son los verdaderos retos de los pensamientos que transitan nuestra mente y la conciencia que la supervisa.

Lo que más me desconcierta, y emociona a la vez, son los sueños lúcidos… Estaba en mi cama rodeada de unos seres azules como las llamas elongadas de unas velas, etéreos. Me despierto dentro del sueño y les pido que no me hagan daño mientras simultáneamente, sin tiempo a terminar el pensamiento, me oigo responderme a mí misma que de haber querido ya lo hubieran hecho. Estaban allí para observarme. Años más tarde, en un viaje por Mongolia y el desierto verde de Gobi, en una meseta a 3.000 metros de altura, alguien me dijo con voz natural y sin pestañear que esos seres eran venusianos. «Ah, claro, sin duda» fue lo único que alcancé a murmurar ante el convencimiento con que lo dijo aquella compañera de viaje. Ahora me resulta tan gracioso como entrañable, e incluso creíble; a fin de cuentas, ¿quién podría rebatir la percepción con pruebas externas?

Lo que sucedió en aquella ocasión fue la secuela de un seminario de Matías en el que había estado participando. Habíamos estado haciendo unos ejercicios de respiración bastante potentes. Sentí que había recibido información que activó algo en mi ADN o sistema energético. La otra consecuencia fue una experiencia fuera del cuerpo mientras me estaba quedando dormida. Estaba en dos realidades a la vez. Sentía mi cuerpo en la cama y mi cabeza cómodamente posada en la almohada y en otro plano donde no tenía cuerpo físico y estaba en todas partes. No me detuve en la experiencia pues no era nueva, tenía muchas ganas de cruzar al otro lado y disfrutar de una noche de descanso y renovación. A raíz de ese encuentro conocí a Esperanza, con la que me une una amistad muy especial. Ha sido un referente con carácter intermitente entre dimensiones.

En general, transito por esta existencia con orden aprendido escrupulosamente, fe construida sobre hechos que he vivido y toda la coherencia posible que logro establecer entre las partes que entiendo constituyen mi expresión humana. Unas forman parte de la materia física, pero hay más que no son tan palpables ni visibles al ojo humano, aunque sí muy intensas y sentidas en mis otros cuerpos menos densos o materiales.

Entre tanto yo, cual gusano de seda, voy extrayendo meticulosamente y a conciencia el hilo desde el interior de mis entrañas y voy envolviéndome en palabras de seda, suave textura para proteger mi alma que no puede contenerse ya en un espacio tan limitado. Hay que recrearse y nacerse con alas renovadas para terminar de expresar nuestro mensaje en vivas frecuencias de colores. Dejamos así constancia digna de nuestro paso por este lugar y estados mágicos llamados vivir.

*Te miro y no sé ni cómo dirigirme a ti. El agua ha dado un respiro a los gases contaminantes que se han limpiado y convertido en aire algo más oxigenado y respirable por momentos. Un número se detecta al final del párrafo. Observándolo, el cerebro se arranca a decir algo con más o menos originalidad. Uno y seis suman siete. Otro número importante en nuestro sistema de semanas, arcoíris y notas musicales. Otro acto de fe original, sin duda. Ya en la 17, 1 y 7 suman 8, el infinito se alza erguido para convocar a los potenciales incognoscibles. Ahí un elemento sorpresa que merece atención.*

## Luxor, Egipto 2009. Templo de Karnak dedicado a Sekhmet.

La esfinge egipcia, erguida con cuerpo humano y cabeza de leona. Hay que entrar a solas unos minutos para tener una experiencia directa con su representación en granodiorita, piedra plutónica como el granito.

Es emocionante y me inspira respeto, pues una parte de mí siente una profunda conexión con la cultura egipcia. Una vez supe que iba a viajar a Egipto, a transitar por los chakras o templos del Nilo, recibí mensajes a través de tres sueños. En ellos se repetía la misma escena. Me hallaba frente al espejo del baño en Vía Augusta y de pronto mi imagen se desintegraba en un estallido de luz. Me deslumbraba y despertaba de la impresión con el corazón palpitando a una velocidad alarmante. La segunda vez sucedió exactamente igual.

Solo en el tercer sueño, dado el desenlace anticipado, tuve la compostura de no entrar en pánico y entonces oí una hermosa voz advertirme «espera». Me distraje un segundo por lo inesperado del hecho mientras mi atención quedaba suspendida por la dulzura de esa voz que reconozco de otra situación. Entonces sucedió algo aún más mágico; la luz se implosionó y volví a verme en el espejo recompuesta como al principio del sueño. Volví a ser la persona reflejada en el espejo con quien yo me identificaba en esa etapa de mi vida.

Con gran alivio, al despertarme entendí que el mensaje debía ser como una preparación para mi viaje, lo cual no me dio más sosiego, pero sí una gran emoción mezclada con la sensación de que llegaba un momento importante y esperanzador. Se daba tras una separación y divorcio muy dolorosos y enfermizos. Fue un acto de fe lo que me llevó a otro origen y que culminó con numerosas experiencias extrasensoriales y la validación exterior de un ordenador y el programa de la cámara Kirlian. Después de años de investigar los niños Índigo, resultó ser que el mensaje era para mí. La frecuencia de mi energía áurica se expresaba en ese color.

Sin saber por qué, fue hacia el final de la iniciación y activación de cada uno de mis chakras, coincidiendo con los templos alineados a orillas del Nilo, que empecé a poner mis manos sobre los muros de las cámaras de las pirámides y en el museo del Cairo. No intentaba asimilar nada mental o intelectualmente, sino que me parecía que era todo mucho más sencillo. Se trataba de fusionar mi energía con el lugar sin forzar nada, solo estando de forma consciente. Parecía de locos pero, aun así, me dejé llevar invadida por una gran paz y coherencia interior. Total, no me conocía nadie.

En otro acto de fe original, ya en el último templo, Héctor, el experimentado guía y organizador de nuestro viaje, me dijo que me colocara en una plataforma mientras él desaparecía con el hijo de uno de los compañeros de viaje. Nos había enseñado un cuadrado dentro de un muro que descendía hacia abajo creando un agujero oscuro. Héctor iba pensando colores y yo, sin entender nada, en otra parte alejada del recinto, los veía aparecer en mi mente con los ojos cerrados. Fueron dos y un tercero apuntaba cuando nos dijeron que teníamos que seguir pues había guardias del ejército armados. El niño fue testigo de mis respuestas y corroboró boquiabierto el ejercicio de telepatía que se dio en el último templo, dedicado al chackra corona.

Nuestra seguridad personal dependía de salir en el momento asignado para calcular cuándo debíamos llegar a nuestro destino en caso de que todo fuese bien. Algunos viajeros se reían un poco y en el último trayecto, tras diez días de excursiones, Héctor nos dijo a algunos que meses atrás había desaparecido un autobús de turistas japoneses y al final los habían encontrado a todos muertos. Para nosotros todo sucedió como estaba previsto y pudimos gozar de algunos lugares paradisíacos en medio de desiertos. Nada es lo que parece.

VIII

## Inciso, noviembre 2022, Barcelona-Londres.

Una regresión de Yasmin me catapulta a un espacio de dolor y me lleva a hacer un alto en el relato para ser madre, terapeuta y amiga in situ. Otra vuelta al origen. Esta vez el del dolor que mi hija habita cuando se halla inmersa en el miedo debido a un cansancio por su lucha por salir de esos estados mentales de sombras que su sensibilidad incomprendida le ha transmitido sin piedad.

Recuerdo su frase: «Tú no necesitas terapia postparto, lo que tienes que hacer es quedarte con tu hija». Lo cierto es que no era el parto lo que me produjo la depresión sino él, sus constantes reproches por todo, la sociedad española, mi familia de clase obrera, la gente del máster en el Hospital del Mar. Y así sucesivamente.

Mi familia por su parte no entendía cómo una doctora de una universidad de primera ganaba como ayudante haciendo sustituciones de cátedra y titularidad y organizando cursos nuevos cada semestre. ¿Por qué no era tratada con más consideración?

Pero a mi regreso al departamento de inglés de la UAB ya durante el embarazo se me dejó claro que no iba a tener ningún trato de preferencia. Ni a pesar de haber un número considerable de mujeres, cuando mi hija tenía menos de tres años tuve clases irreconciliables con la maternidad. Imposible conciliar con la vida familiar y un cónyuge médico que hacía numerosas guardias.

Quien mayor trauma causa necesita más ayuda. Los programas de ayuda organizados por grupos indígenas americanos obligan al maltratador a ir a programas de rehabilitación, mientras que las mujeres con los niños se quedan en el hogar. En Occidente somos más civilizados, pues tenemos que huir y con suerte podemos encontrar otro lugar donde refugiarnos sin garantía, aunque sí con la certeza de que, en medio de una ruptura, estar en otro lugar es una medida de emergencia, pero no resuelve el problema si las partes más vulnerables no se sienten a salvo.

«Es una regresión», le comento a Yasmin. «Esta semana te faltó tu terapeuta y te refugiaste en patrones pasados que sentías como familiares. Tristemente, están contaminados y la reacción de todo tu ser se hizo evidente igual que la reacción a un virus extraño».

«Un pasito atrás, tres hacia adelante» le digo esta mañana por WhatsApp antes de que despierte.

*Creamos nuestra propia realidad imaginándola y viendo el final feliz. Yo creo la mía y dentro te coloco con mucha delicadeza. El cordón umbilical se estira, pero no se rompe porque está hecho de diamantina tripa cósmica. Vuela y explora con respeto todas las maravillas que encuentres en tu camino pues serán muchas. La oscuridad que las rodea es para que brillen más intensamente desde la distancia. Enfoca ahora tu visión. La luz al final del túnel no falta jamás al encuentro si deseas encontrarla.*

«Se trata de la misma luz de las estrellas que te describí cuando a los tres años me cogiste de la mano y me llevaste al comedor donde estaba tu mini mecedora con los dibujos de los perritos dálmata. Te sentaste, me hiciste sentar a tu lado y me dijiste en tu idioma con fonética propia: "Vamos a hablar, mírame a los ojos" Y yo, hechizada por tu compostura, me senté con muy buena disposición a escucharte pues tu actitud era de asombrosa madurez y compostura. Lo que no me esperaba era la pregunta: "Mami, ¿qué es la muerte?". Yo había estado releyendo *El libro tibetano de la muerte*, pero desde luego no te lo había comentado. Era mi etapa de lecturas sobre budismo y sufismo».

La analogía de las estrellas me pareció lo más cercano a una respuesta para una niña que, por otro lado, hacía una pregunta que muchos adultos no se atreven a hacerse a sí mismos.

**1993, Toronto, ático de la casa de la familia china** donde viví de alquiler unos años hasta que empecé a trabajar.

El diagnóstico me dejó la mente paralizada, no podía moverme. Hubo pequeños milagros en ese apartamento sin puerta que pudiera cerrar por dentro. Me sentía algo expuesta pero tan solo una vez sentí que alguien había subido y se lo comenté al dueño.

Una mañana muy fría miraba los cristales de la ventana. Estaban cubiertos de cristalizaciones aparte de empañados por el contraste térmico. Una violeta africana me acompañó durante ese periodo. Me hacía sentir que ambas estábamos fuera de nuestro hábitat natural, pero de algún modo protegidas. Yo la protegía de las inclemencias del clima, Canadá me protegía de una sociedad patriarcal que me había traído conmigo en mis células. Apenas despertaba de una dictadura de cuarenta años cuyas raíces yacían todavía fuertemente arraigadas en sus instituciones educativas y sociales en general. Una revisión médica fortuita y mi buena disposición para prestarme a un estudio del centro de salud de la Universidad de Toronto me dieron la oportunidad de reconocer y tratar las células cancerígenas que surgieron de su estado latente para advertirme de su presencia y darnos la oportunidad de llegar a un acuerdo.

Acostumbrada a tomar cartas en cualquier asunto, pregunté: «¿Qué puedo hacer?».

Me sorprendió la respuesta: «No beber ni fumar». «¿Y si no fumo ni bebo?»

Un modo de supervivencia, ahora consciente, instalado en mis circuitos originales, se activó. Y fue ahí que me hice la gran pregunta: si esto fuera el fin a mis treinta y poquísimos años, ¿qué querría estar haciendo? Leer y escribir poesía. Exactamente lo que estaba haciendo gracias a las becas del gobierno y la universidad canadienses.

Solo se lo dije a mi hermana y a algunas amistades cercanas. Nunca a mis padres, cuyo padecimiento hubiera sido más duro de enfrentar que el mío propio. Únicamente me quedaban fuerzas para mi pánico. Liz, desde La Paz, prácticamente me obligó a ir a verla y participar en unas jornadas andinas de Literatura Latinoamericana. La Paz. Sentí que el lugar no podía ser más adecuado. No tenía fuerzas, pero fui gracias a la firmeza con que me dijo María del Carmen que ni se me ocurriera boicotear mi viaje. La llamada de madrugada para cerciorarse que salía para el aeropuerto me hizo reunir todas mis fuerzas y hacer mi primer viaje a Bolivia en un estado de casi sonambulismo.

Llegué a la conferencia para compartir retales de mi trabajo de tesis sobre estética de la frontera y mestizaje. Aparte, me paseaba por las calles con un cansancio inusual por el mal de alturas. Recuerdo que me cansaba bajando las escaleras y andando en terreno llano. Era un tanto gracioso. Me distraje con las celebraciones, la calidez y el cariño de algunas amistades que conocía y otras que conocí en ese lugar.

Mientras deambulaba por las calles de La Paz, me paré en un escaparate. Se trataba de una agencia de viajes y me sorprendió que hubiera un lugar llamado Isla del Sol. Entré y pregunté dónde estaba y salí con un billete de autobús para hacer un viaje de apenas 36 horas, consistente en dormir una noche, visitar el lugar y volver. La tentación no estuvo ausente en esa aventura porque un guía británico me invitó a ir con su grupo en el viaje que seguía hacia otros lugares recónditos, fuera de las guías convencionales. Mi avión para Toronto salía a los dos días y ya casi estaba a punto de finalizar la tesis. Dudé, pero decliné el ofrecimiento.

El día anterior, cuando llegué al Lago Titicaca y vi las barcas, me pareció haber salido de mi cápsula de tiempo terrenal. Yo las había identificado como las barcas de los egipcios en películas y fotos, pero algo se despertó en mí. Fue en ese viaje a la Isla del Sol que purgué y limpié como mejor intuí un dolor muy profundo; el dolor que sentía por la invasión de algunos de mis ancestros recientes a aquellas tierras tan hermosas. Imaginé la brutalidad que sin duda se siente ante algo tan inesperado como cualquier invasión de nuestro hogar y, por extensión, de nuestro cuerpo. Por fin, pude llorar por el dolor ancestral que mi existencia cargaba mientras miraba a la isla cercana, la Isla de la Luna, donde se resguardaban las mujeres y los niños para protegerlos de los invasores. Ese momento, mientras miraba hacia la Isla de la Luna, me arropó. Me sentí cuidada por aquel lugar que parecía agradecerme el testimonio que le estaba rindiendo con mi presencia desde aquel instante consciente.

La Isla del Sol, a su vez, me llevó a la fuente de la vida que se hallaba allí donde nos indicó el barquero. Tenía una fuente de tres chorros que unía a los tres lagos más grandes del planeta según las leyendas del lugar. Bebí como si mi vida me fuera en ello, pues en realidad creí que esa fuente era la salvación que mis células cancerígenas habían conjurado para etereizarse y sacralizar nuestro encuentro. Mi mente, cuerpo y alma, sin ser conscientes de ello, bendijeron el ritual mientras yo andaba sonámbula como si mis pasos estuviesen dirigidos desde otro espacio-tiempo.

La bandera andina también me llamó mucho la atención. Tenía nombre propio, la Wimpala, cuyo significado ahora sé que es «el triunfo que ondula al viento», un grito de victoria. Me sorprendió e impresionó entonces y más ahora por los colores del arcoíris que comparte con la del colectivo LGTBI. Lo curioso era la tridimensionalidad de la bandera de los pueblos andinos compuesta de cubos y en un número de ellos muy específico. Todo encierra una profundidad que el observador puede descifrar si así lo desea y le llama la curiosidad.

Aquella visita fue un primer contacto.

**Verano 2013. Bolivia, Perú, Machu Picchu, Aramu Muru, Isla del Sol,** sede de la Gran Hermandad Blanca de la cual no conozco nada. El nombre, sin embargo, me produce un sentimiento de misteriosa reverencia. Sentimiento similar al que me produjo mi visita a Montague, sede de los Templarios en el sur de Francia.

**Reactivando orígenes ancestrales desde otro continente.**

Cuando Yasmin cumplió 12 años, y tras la muerte de mi madre, decidí que era el momento de regresar a Perú y Bolivia, esta vez con mi hija. Era un viaje para mostrarle algunos de los paraísos que podemos encontrar en este gran planeta azul. Criada en Barcelona y con raíces en La India por parte de padre, me sorprendió mucho la facilidad con la que se lanzaba a la aventura y se adaptaba a lo desconocido. Sus ojos oscuros y profundos observaban maravillados como los cerditos corrían por la playa con libertad y un rebaño pasaba bajo nuestra ventana guiado por el pastor. Le seguía a distancia la pastora recogiendo a un corderito que se rezagaba.

La conclusión de mi hija sin preguntarle fue: «Mami, para vivir bien no hace falta mucho». La pronunció sentada en la cama mirando al lago por la ventana, mientras sostenía su libro de viaje. Era un gran augurio, ya que ese era el propósito subyacente de mi viaje con ella. «Misión cumplida», pensé.

A pesar de todo el dolor de mi divorcio, este viaje estaba sanando nuestra relación. Nunca hubiéramos podido realizar un viaje así con un padre demasiado apegado al lujo excesivo y el bienestar sofocante de los hoteles de cinco estrellas al cual nunca nos llevó en familia, solo a su hija después del divorcio. Mi clase social no era apta para tales lujos, dado que no los apreciaba. Tenía toda la razón.

Machu Pichu, Isla del Sol, Lago Titicaca, Isla Koaj... más actos de fe originales tuvieron lugar durante aquel viaje tras la transición de mi madre a otras densidades desde las que me aseguraba que estaba viva y que la muerte física solo implica un cambio de densidad, no la desaparición.

## Barcelona, 10 de diciembre 2021.

Estoy delante del ordenador y en mi mente se descarga un pensamiento como si de una diapositiva se tratase. Tras el sueño que he tenido la noche anterior después de dos horas de desvelo, le mando un mensaje de voz a mi hermana. Estoy convencida de que es un sueño lúcido y, como ella aparece en él, pienso que al contárselo se dará cuenta del mensaje y cambiará su actitud hacia mí. «Así —pensé— subiremos el nivel de nuestra relación y finalmente actuaremos con plena conciencia del trabajo de fondo que hay que realizar».

En el sueño ella, o mi otra yo, me hablaba desde un plano al que yo no parecía pertenecer o darme por aludida de que pertenezco. Me decía: «Yo soy un ser lumínico, ya déjame ser quien soy y no me entretengas en temas terrenales irrelevantes que me desgastan». La que era yo en el sueño la miraba fijamente y, tras esperar unos segundos para que la información calara, le dije: «Yo eso ya lo sé, ¿pero te has enterado tú ya? Mi intención era decirte que ya te des cuenta y que vamos a hacer las cosas desde otro plano, pues este ya lo hemos transitado de sobra».

Esta fue mi primera interpretación. Sin embargo, me ha llevado un día más recordar que en los sueños hay personajes que nos traen mensajes y se suele escoger a alguien que nos es familiar para que prestemos más atención. También he recordado lo que les digo a mis clientes de Reiki cuando interpretan sus sueños. Es que es importante centrarnos en el mensaje y no tanto, aunque también, en el mensajero. Que mi hermana es un ser lumínico no me cabe la menor duda y su color así lo expresa. Ella lleva una frecuencia de transmutación como la que a menudo recibo cuando estoy en sesión de Reiki con algunas personas. Sin embargo, tras profundizar más en el sueño, me percato de que ese mensaje me ha traído un nuevo nivel de conciencia que incluye compartir e integrar lo que soy sin remedio y sin elección consciente que yo pueda recordar o controlar.

Estos sueños son altamente reveladores. He pasado el día de hoy rara, intentando entender por qué me aíslo, no salgo a penas con gente salvo en contadas ocasiones. No me responden o no se acuerdan de mí. Sé que algunas han aparecido por un periodo breve para poder atar cabos que llevo sueltos. Son una parte de mí, de la infancia y de los años de universidad antes de ir a Canadá. Son un fragmento de un espejo que me devuelve una imagen de mí que ya no está presente pues era el comienzo de un proceso de evolución visto desde el punto de vista parcial de la linealidad.

Tras hacer compras, hoy me he dedicado a preparar alimentos sanos como caldo y sopa de cebolla. Estoy en proceso de limpieza interna también. Ayer espinacas, hoy sopa. Después los cristales y el balcón para ver con más nitidez el bonito paisaje desde el cuarto piso: un jardín de copas de palmeras. Por último, un baño caliente con sales de baño para los dolores y después llego a un estado de bienestar que me sorprende. Llego a una vibración que hace muchísimo tiempo no sentía. El olor a limpio, la nitidez de los cristales, reconozco una frecuencia familiar como la que me impregnaba cuando iba a conectar con algunos maestros o viajaba a lugares sagrados. Es desde este lugar sagrado de mi forma material que descubro esta sensación. Me despido y agradezco haberme cruzado con algunas amigas, aunque no se me permita permanecer demasiado en estas dinámicas, ya que me siento como si estos encuentros hubieran sido una visión retrospectiva. Estos hechos apuntan a la diferencia de entre otras posibles vidas que podría haber escogido, pero que no seguí pues no me escogieron o tuve que saltar esa línea de tiempo. Otro salto como cuando encontré la escuela de la iluminación y, más tarde, a Drunvalo Melchisedek. Fue muy duro el cambio y lo hice con plena conciencia, aunque sin saber los niveles de apertura que se abrirían dentro de mí.

Merlín me reclama, quiere salir y vamos a hacerlo, pero no sin antes anotar que estoy redactando sin parar como si estos días, el sueño lúcido y la limpieza hubieran sido los pasos previos para poder escribir sin tener que forzar nada. Solo dejar fluir la información que ya estaba en la antesala de mi mente para ser compartida de forma sencilla y profunda a la vez.

*El estilo no tiene mucho que objetar, pues el contenido de la historia va sobre las líneas mágicas e invisibles de esta página que nos invita con cariño a llenarla para darle algún sentido más a nuestra existencia.*

## Desde un estado psíquico que no se expresa en tiempo ni espacio terrenales.

Ayer tuve una recalibración interna que sentí como una oleada de benevolencia y gratitud en todo mi cuerpo. Se tradujo en una inclinación consciente a centrar mi atención en un plano más etéreo, de mayor liviandad. Me dije que a partir de ese momento dejaba de intentar afectar las decisiones de Yasmin sobre cómo completar sus estudios o intentar dirigir su vida. La reto y me reto a soltar, a que no dependa de mi *feedback* para justificar sus decisiones. Mañana cumple 22 años y ha tenido muchas más experiencias que yo a su edad. Toca respetar esas espinas que nos rasgan al contacto demasiado cercano, aunque protegen de agentes externos, por lo cual son imprescindibles para caminar por esta tierra. Las espinas invisibles establecen un círculo de seguridad mágico, como nuestro campo energético o nuestra aura.

*En la trastienda de tu mente se presentan algunos de los temas que se hace necesario revelar en estos momentos. Son la síntesis de tantas enseñanzas integradas y enfrentadas. Solo la información que resuena en el espacio de la mente puede atravesar la línea fronteriza y sobrevivir con coherencia en la dimensión a la cual deben descender.*

Nunca he podido suscribirme del todo al concepto de la reencarnación; lo veo solo como un comodín o preámbulo temporal hasta que nueva información nos llegue y se nos conduzca a otro nivel de comprensión. He estado con distintos maestros en persona y de forma virtual hasta que, en los audios de Robert Monroe, a través de la información transmitida mediante la canalización de una mujer, hallé la pieza que me faltaba. Ahí logré entender la parcialidad y fragmentación que sufre nuestro cuerpo lumínico como parte de una conciencia grupal en el otro lado del velo. Cuando se comprime para habitar un vehículo diminuto como nuestro cuerpo material, que en realidad solo tiene apenas un 1% de masa —ya que somos energía en movimiento—, sufrimos una especie de compresión hasta convertirnos en un segmento fractal que nos parece sólido. El hilo conector es lo que nos mantiene como expresión viva para andar sobre esta tierra. La fuerza vital que dirige los hilos desde un plano divino o más etéreo es un aspecto en formato de unidad separada y única que forma parte de un todo. Intuyo que ese Todo está a su vez unido a una inteligencia mucho más compleja que opera como en equipo y así hasta el infinito.

En esa ocasión, entendí y resoné con la coherencia de la explicación. Un aspecto que se expresaba en voz de mujer desde la antesala de la 9ª dimensión se estaba comunicando con la mujer cuyo cuerpo, en estado alterado de conciencia, yacía en una camilla bajo estricta monitorización de sus constantes vitales. Se le comunicaba que debía avanzar en su evolución porque de ello dependía el ascenso a la 9ª dimensión del ser que hablaba desde otra dimensión. Era un paso conjunto que debían hacer, ya que en otra etapa habían estado unidas y una parte no pudo ascender por haber entrado en juego una traición; un aspecto de vibración no fue apto para seguir unida a la porción de energía que sí se elevaba en vibración. Así pues, este caso arrojó gran luz a mi comprensión de la colaboración e interconexión que existe entre las distintas dimensiones.

La tentación es fuerte pero no se trata tanto de crear estados alterados de conciencia para conectar con el otro lado, sino de hacer algo por aquellos más cercanos a nosotros que solo requiere nuestra voluntad de empezar. ¿Cuántos terapeutas han tenido que empezar por resolver sus temas personales antes de abordar la ayuda al otro y ganarse el respeto de su clientela en el proceso?

A mí se me ocurrió hace ya varias décadas empezar por mi compleja familia y ancestros y aún estoy limando asperezas. Al empezar por mí misma el universo me conecta con energías que me ayudan a crear situaciones inimaginables y potentes que me catapultan en el avance. Es un milagro como a cámara lenta, por lo cual hay que prestar mucha atención para identificar los síntomas de mejora en las relaciones, es decir, cuando, por ejemplo, decidimos cambiar nuestra actitud ante una dinámica repetitiva. Hace falta tan solo la voluntad de una persona para alterar la dinámica y el campo energético de un grupo. No es sencillo, pero tampoco imposible. Hay que darse la oportunidad de manifestar los propios milagros.

Me sucedió una vez en Toronto. Un día tan frío y sin perspectivas más allá de una ventana con cristales escarchados. Pedí una señal mentalmente para no darme por vencida por la dificultad de desgranar de mi intelecto unas ideas para completar mi tesis doctoral sobre el espacio creativo en la poesía. Era una etapa en la que me aparecían globos. En esa ocasión, mi petición se vio concedida al cruzar de pronto por mi ventana un hermoso globo azul a modo de señal. Solo fueron segundos y coincidió con el preciso instante en que estaba mirando y viendo a la vez. Los globos de la cocina nunca pude averiguar quién los puso. La tercera ocasión en que apareció de pronto un globo azul, también por la ventana, fue en Toronto. Ya llevaba unos siete años casada. Yasmin tenía seis años. Sucedió en la planta 36 de un rascacielos de una metrópoli canadiense. Otra sorpresa que, por unos segundos, me hizo creer que mi separación y el deterioro de mi matrimonio no eran reales. Mi esposo entonces me miró como si mi reacción fuera una niñería.

Estas percepciones y entendimiento me han proporcionado mayor confianza en mi interpretación de las señales que las circunstancias de la vida me muestra. Las indicaciones de numerosos maestros de todos los tiempos también son señales en las que hay que bucear para descifrarnos a nosotros mismos. Se suele decir que estamos conectados, siempre hay ayuda a nuestra disposición y que pidamos y se nos concederá. Hay que saber pedir, claro está. Me viene a la mente la máxima de quien tenga oídos que oiga.

Estas frases que se dicen mecánicamente siempre me han causado inquietud. Muchas claves están encriptadas en ellas y a veces no se refieren a los sentidos que identificamos como físicos; he ahí otra falsedad pues todos somos luz y energía más o menos densa, o más o menos brillante o lúcida, aunque los circuitos no se vean. Afortunadamente, llega un momento en que la evidencia se hace tan patente que nuestro cuerpo enferma para darnos otra oportunidad de sanar. La ciencia y tecnología inalámbrica ya nos permite entender más allá de los sentidos físicos, aunque desgraciadamente muchos aun necesiten empezar la sanación por la expresión más densa de nuestra materia.

Se nos pide reemplazar el sentido de la vista por la visión interior y el entendimiento. Entretanto, la programación social, educativa y religiosa van haciendo mella. A partir de ahí, se trata de confirmar nuestras intuiciones, recalibrar nuestro campo energético y vivir en coherencia con los resultados que recibiremos. Sin embargo, existen otros niveles de comprensión de nuestro papel en la evolución de nuestra conciencia. Se trata de los que se han denominado acuerdos pues venimos a esta experiencia humana a cumplir un cometido, aunque sea sin recordar el porqué: un acto de fe original de un origen que, sin duda, se nos escapa.

Para mis adentros pienso que la evidencia del buen trabajo se hace evidente en los beneficios que nos aporta no solo a nosotros sino a los demás seres implicados. De nuevo, se prioriza el bien común del equipo y la comunidad y a aquellos que, independientemente de su nivel de conciencia en ese momento, se prestan para que los que les rodean aprendan más rápido. Lástima que suela suceder a través del sufrimiento. No me consuela la idea porque justifica el rol del verdugo y su víctima. Aquí un acto de sacralización que es en realidad el verdadero significado de sacrificar. Las religiones, los estados y sistemas educativos no dan mucha opción en este sentido, pues parece que no se puede merecer el cielo a menos que uno sufra y, ante todo, lo vean los demás, a ser posible en formato de espectáculo. Un yugo para mantener al rebaño bien controlado y he ahí otra metáfora muy conveniente para frenar cualquier iniciativa creativa. No tengo la respuesta, solo más preguntas…

## Barcelona, 18 de diciembre 2021.

¿Quiénes somos? Resuena la pregunta en un documental sobre percepción y a la vez una respuesta que no se me había ocurrido, a pesar de estar recomponiendo mis recuerdos de forma selectiva en estas páginas. Y es que somos la suma de recuerdos con que llegamos a este mundo, más allá del ADN.

# Verano 1978, Universidad Autónoma de Barcelona.

Una vez, al terminar mis cursos en la Escuela de Traductores de la Universidad Autónoma de Barcelona, mientras estaba en el rellano central delante de la fotocopiadora, sentí una sensación psíquica y física a la vez que sería recurrente en años subsiguientes. Mi voz interior preguntaba: ¿y esto es todo? Fin de ciclo y ampliación de conciencia sería la asociación con esta sensación que recurriría a lo largo de mi vida. Sentí como una ola expansiva interna de energía que crecía y cuyo epicentro era yo. No podía ser. Solo tenía 20 años y no quería casarme con mi novio de entonces y me producía mucha ansiedad pensar que la siguiente etapa era formar una familia, asentarme y ser un apéndice del fractal de la estructura familiar.

Rompí mi relación, para disgusto de todos. Había viajado los veranos anteriores a Inglaterra, Alemania y de nuevo Inglaterra en un intercambio de 3 meses con la universidad de Manchester. Ahí afuera había un mundo que yo no sospechaba y mis coordenadas se resetearon para incorporar un número de probabilidades que dieron ilusión a una existencia monocromática hasta entonces. Seguí estudiando con la bendición de mi familia que no lo había podido hacer y para así evitar entrar tan pronto en el mundo laboral. En paralelo, empecé a sentir el efecto que mi persona causaba en ciertos hombres de mi alrededor. Inaceptable estar atraída por otros, había que reprimir los impulsos. Mi novio de entonces no lo entendió y la brecha se hizo más grande hasta que cada uno se quedó en el lado contrario del abismo que se creó sin puente para poder cruzar.

Muchas náuseas es lo que recuerdo con más nitidez de esa etapa sin saber entonces que el miedo se manifiesta en el segundo cerebro, el estómago y el plexo solar. La salvación era seguir estudiando para seguir saliendo al extranjero con esa dignidad de propósito. Ciertamente los estudios y las becas que conseguía me han sacado de depresiones indiscutibles que ni sabía que estaba pasando.

Mi disfunción de compulsividad se convirtió por el miedo en un incremento en mi capacidad de enfocar en algo concreto, como aprender idiomas y después su literatura. El dominio de las disfunciones disfrazadas que habitan en mí me ha salvado siempre de cruzar situaciones irreversibles. De no haber tenido un sexto sentido, me hubiera precipitado en un mar de fragilidad mental creciente con la cual, ahora sé, he convivido a duras penas toda mi vida.

> *El espacio-tiempo que llamamos vida es un estado de fragilidad y el aprendizaje que venimos a experimentar también. Se trata de ir creando nuevas capas de piel para curtirnos y poder navegar por esta existencia humana. Encontrar las fronteras para cruzar a nuevos estados evolutivos es el objetivo a cada momento. Quedarse atascado en un círculo vicioso es morir lentamente sin apenas darnos cuenta y sin haber vivido.*

Hago de la náusea mi aliada. Y entro en espacios nuevos para, al cabo de un tiempo, reconocer la nueva onda expansiva que me pone delante un nuevo camino lleno de pruebas, supuestamente emocionantes, pero que a mí me causan mucho miedo y náuseas. Aun así, cual psique, respiro hondo, y sigo. Mejor lo desconocido que lo conocido que me estanca con un hechizo de caducidad inminente.

Me paso a Literatura Inglesa y Anglo Germánicas. Para mi sorpresa, empiezo a sacar sobresalientes y me refugio en la literatura y la poesía. Termino y me ofrecen ser ayudante mientras me inscribo para hacer un Máster. Pero en el último año de este me dicen que hay que salir a investigar y la catedrática me sugiere una beca del Gobierno Canadiense.

Nunca me había planeado salir de España por más de tres meses, pero como estaba segura de que no me la darían acepté por curiosidad e incluso, diría yo, por obligación. No lo podía creer, la literatura escrita por mujeres dejó a una candidata de económicas y a otro de derecho fuera de juego. La beca de un año, que se convertiría en diez, me salvó de los últimos coletazos de una relación tóxica que no se acababa de romper ni sanar. Mi destino, por su parte, me arrancó de un país que apuntaba hacia una democratización lenta, llena de la pesadez de cuarenta años de dictadura que no iban a resignarse fácilmente para dejar paso a algo nuevo y refrescante.

**Catapultada a otra civilización muy cosmopolita.**

En verano de 1987 aterricé en Toronto. A pesar de ser una ciudad moderna y tener una estructura muy lineal y organizada, mi mente no lograba orientarse por norte, sur, este y oeste. Aun hoy en día soy un desastre. Puedo llegar a un lugar *por casualidad*, encontrar objetos perdidos antes de saber que se han perdido, pero no sé navegar por las coordenadas y variables humanas más sencillas. A mis sesenta años, lo tengo asumido, pero en aquella etapa me causaba muchas pérdidas de tiempo y ansiedad recorrer calles buscando una dirección. Siempre tenía que usar mi Google personalizado, preguntar para finalmente lograr llegar a mi destino.

## 27 de diciembre 2021.

Estas últimas Festividades me han traído un despertar difícil de digerir. Empiezo a concebir a los líderes espirituales de este plano terrenal como dirigidos por una agenda que me causa una profunda inquietud y ansiedad. Hasta aquí confiaba en los que decían que no es esta época de seguir a gurús externos pues todos los manuales de instrucciones los llevamos integrados en nuestro ADN y cuerpos electromagnéticos. Me parecía lo más honesto que alguien con don de liderar a gente podía abogar. Aun así, hay una agenda implícita y una dura prueba para aquellos que han creado codependencia de los sistemas y las instituciones ya que nos han programado previamente durante toda nuestra existencia.

Algunas hemos salido con alguna tara y se nos ha hecho sentir a lo largo de nuestras vidas. Para sostener su paz, y supuestamente la nuestra, algunas personas han procurado que encajemos en la normalidad que supuestamente induce a vivir sin desasosiegos y agendas predestinadas, aunque muy poco creativas. Ni siquiera me atrevería a incluir a estas agendas en las teorías conspirativas. Se ha tratado de un simulacro real provocado, es decir, de observar qué pasaría en caso de una emergencia global: ¿somos capaces de unirnos y considerar una fusión de intereses comunes en pro de un bien supuestamente más elevado?

Lo que vemos es una carrera por cumplir los objetivos que está calcada de las estructuras coloniales. Las luchas internas dentro de los gobiernos aumentan y polarizan posiciones que deberían estar unidas para logar proyectos específicos. Mientras tanto, la población se desgasta y pierde una fe que ya hacía aguas por la corrupción innegable que aflora tan visiblemente por todas partes. Otra oportunidad aflora a la superficie.

El intento de lograr estar unidos en momentos de amenaza global por un agente externo viral es de un grado de inocencia exacerbante que viene alimentado por un miedo globalizado. Primero un virus, luego la invasión de alienígenas. Lo cierto es que casi nadie se ve a sí mismo como el causante activo de esta realidad que se está cocreando con la manipulación de unos pocos poderes. En la mayoría de los casos se siguen las instrucciones inconscientemente sin intuir que cohabitamos mundos paralelos de forma simultánea. La nueva normalidad a la cual muchos estamos acostumbrados y dominamos casi a la perfección y el don de encajar en un mundo externo se perpetúan a través de un orden tan artificial como rígido. En paralelo, seguimos alimentando secretamente otras posibilidades para crear puentes colgantes de coherencia entre esos mundos dispares y no venirnos abajo. Una vez cruzados los abismos, replegamos nuestros puentes y los cargamos para poder reutilizarlos en otro caso de necesidad. Cada cual carga su puente de coherencia. Vamos salvando las distancias y los precipicios que nos separan del siguiente espacio-tiempo en las nuevas dimensiones existenciales y de expansión de conciencia que habitan en nuestra mente.

*Es importante descodificar la energía, sensaciones, emociones y sentimientos en lógica terrestre. Para poder trascender hay que saber transmutar... respira profundamente y no te dejes confundir por el desasosiego de un nuevo nivel de entendimiento. Es importante mantener el eje de coherencia o referente de cohesión como un sol que sostiene a los planetas que le orbitan, pues sin ellos no se sostendría a sí mismo.*

Por momentos me sorprendo a mí misma reproduciendo una voz más cohesiva cuyo texto, al releerlo, me permite ver desde un ángulo más amplio e inclusivo, como si yo fuera la emisora y receptora del mensaje a la vez. La narradora omnisciente, sin conciencia de serlo, va elaborando un texto fuera de la narrativa personal.

Otra clave importante sobre lo que tomamos por sentado que es la realidad, me llega el 29 de diciembre de 2021. Se trata de la apertura de una charla en 2019 titulada *El universo y tú* de Nassim Haramein, científico astrofísico: «Hay mucha aceleración estos días y con la aceleración se da fricción y calor y de ahí surgen los fluidos, el jugo de la vida por extensión (*Resolving the vacuum catastrophy*). Una discrepancia entre micro y macro niveles supone una catástrofe. No somos materia, sino un 99,9999 % es espacio y el resto somos nosotros en términos de materia. En realidad, somos seres etéreos según el nobel de física Frank Wilcze (*The Materiality of the Vacuum*, 2019). El inconsciente es lo que dirige y rige la vida del consciente y nuestra existencia, sin entrar en el subconsciente que se sitúa bajo el nivel consciente como sueños lúcidos o no. Hace siglos que se sabe, el psicoanálisis solo lo sacó a la superficie».

Sigo procesando pensamientos: el azar no existe ni para la ciencia ni para el arte. Este universo está diseñado con una exactitud matemática. Me percato de la belleza intrínseca en el lenguaje matemático que podría ser como la poesía del mundo de la ciencia. El azar no existe y si partimos de esta premisa o la incluimos en la ecuación, tendríamos que replantear nuestras decisiones y actos en la vida de forma totalmente distinta. Hay un orden muy por encima de lo que nos han programado para creer. El sistema no es cerrado pues algunos, probablemente muchos más de lo que se nos permite creer, se hallan fuera de él.

Siento que somos hijas del éter. Mi mujer Kaleidoskopio nació y existe en el potencial de un estado etéreo. La conciencia se irradia, no se conjetura, mediante el pensamiento que formula la información procesada por nuestra mente.

**Barcelona, 1 de enero 2022.**

¿Cómo ejercer un derecho que implica un acto de fe tan original? ¿Cómo trasladar la fe que ponemos en cualquier religión? ¿Cómo depositarla en nuestro potencial como células de un cuerpo inmenso que solo nos pide que seamos genuinos por encima de los preceptos religiosos, sociales y educativos que nos han programado? Preguntas y más preguntas.

*Hay que pedir y preguntar a modo de eco para atraer las respuestas.*

Mi fuerte gripe, ya no le llaman COVID, me ha otorgado el privilegio de tener que priorizar mi salud física por encima de las formalidades de las fechas que acabamos de pasar. La televisión reproduce el pasado para que nos detengamos en él y nos amuerma para desviar la atención hacia una eterna ilusión de que cualquier momento pasado fue mejor y así nos aferremos a él. Nos desincronizamos y perdemos un eslabón del engranaje.

Mi garganta y tos me desgarran, me falta el aire y, sin embargo, no es necesario hablar en voz alta, por lo cual sigo sin perder punto con la tarea de encontrar coherencia en un horizonte pincelado por espejismos. ¿Cuál de ellos vamos a favorecer enfocando nuestra visión y dejando el resto momentáneamente borroso y difuminado?

## En un lugar y a una hora irrelevantes...

El aroma de un café con leche recién hecho me transporta a todos esos momentos que encontré en cafeterías y me transportaban a casa, a un estado interior familiar. No importa donde estuviera, ni el año, ni la hora del día. La memoria es atemporal y libre. No está limitada a una localización física concreta, aunque se evoque a partir de esta. Como tantas otras experiencias la memoria se ve evocada irremediablemente por olores, la vista, el tacto, los sonidos y sabores. Los sentidos físicos son un desencadenante que nuestra mente no puede controlar. Es como si un surtidor se viera desbordado por la presión y se disparara sin remedio en más o menos medida, con más o menos intensidad, dependiendo de lo que nuestro cuerpo consciente haya hecho para auto reprimirse. Es muy reconfortante sentirse contenida en una taza de café con leche y respirar hondo, sorber intensamente la sensación, regocijarse una vez más en los sentidos de lo sencillo.

Me sucede lo mismo con ciertas comidas que me transportan a mi madre biológica quien, además de ser una expresión terrenal temporal, representa todo lo que una madre o figura materna evocan a nivel de origen.

*La madre biológica es una gota densificada de lo que son nuestros orígenes estelares, más allá de los átomos que nos conforman temporalmente. Antes de ser lo que en apariencia somos, una conciencia original nos ha pensado y nos ha soñado cual arquitecto o artista imagina su obra antes de ejecutarla. Luego se va modelando según las circunstancias y el medio que rodean esa creación.*

*Lo que veo cierto es que, a medida que la creación va tomando forma, se va perfeccionando y se le van añadiendo mejoras. ¡Qué orgullo y emocionante para un creador superar la idea original mientras su creación cobra vida propia! Muchos lo dicen directamente. La obra cobró vida propia. Al escribirlo y aún más una vez que se comparte, un libro cobra numerosas vidas, tantas como lecturas tiene y experiencias evocan las historias en cada lector. Un libro es un espectáculo multiversal cuya belleza, aceptación o rechazo radica en la percepción de los ojos, oídos o dedos que lo reciben y se leen en sus páginas.*

Sonidos biaurales para equilibrar mis ondas cerebrales es lo que me queda en ese momento para salir de esta especie de nube densa y gris, llena de pensamientos esparcidos de forma aleatoria. Son la consecuencia de una salida de año enfermiza y una entrada que está llevando más tiempo de lo esperado para purgar los restos de un virus rebelde que se resiste a abandonar mi sistema sin causar dolor o irritación.

Mente irritada, garganta irritada y sin voz. Aun así, impera la capacidad de ver y recopilar algunos detalles que ya no han de constituir las células de mi existencia a corto plazo. Es un reseteo celular y mental que debiera atraer nuevas experiencias y a otras personas, pues mi regreso a España desde Inglaterra no se ha consolidado aún. Estos dos largos años de pandemia han sido la antesala para una reconsideración profunda de cuál es el sentido verdadero de la existencia humana, ya más allá de los numerosos programas asimilados o adquiridos.

Es una decisión bien medida la del sueño. He participado en proyectos importantes con grupos de otros países. También dentro de mi familia, aunque a regañadientes. He intentado encajar lo que no encaja ni con cola, aun cuando entiendo que no se trata de culpar a otros pues ellos han seguido unas directrices muy sensatas según sus esquemas conocidos y también les han demostrado resultados eficientes. Yo, sin embargo, siento que he navegado mares inciertos, no por una elección consciente, sino porque ¿quién se atreve a rechazar un océano de vida lleno de fuerza y dirección, como las becas que recibía para estudiar? Cuando solo contamos con un timón de intuición y una barca de sueños adquiridos o imaginados, es lógico sentir que dirigimos nuestra vida hacia un destino que la fe nos mostrará en algún momento inminente.

Ahora percibo que no venimos a esta dimensión con un guion concreto sino con una serie de herramientas para construirnos una existencia lo más digna posible. El libre albedrío viene a ser la zanahoria o los faros que nos ponen o ponemos para seguir avanzando por un sendero que promete aventura y misterio. Otro trayecto irresistible en este *holodeck* de potenciales cuánticos como los que la serie *Star Trek* desplegaba. Ahí se salía de una realidad y se creaba otra *imaginal* que a veces se escapaba para colarse en la supuestamente real. La ciencia ficción precede a la ciencia. Alguien tiene que imaginar nuevas opciones en un principio ficticias para que alguna se haga realidad.

*En el principio fue el sueño.*

## Segundo año en Toronto. Paw Waw de Indios Nativos Canadienses y Americanos.

Las abuelas llegan de las reservas a la ciudad para dar charlas a los jóvenes que están muy desorientados debido al programa brutal de inserción social que se hizo en Canadá en pleno siglo XX. ¿Qué es un niño sin su familia, su lengua, su cultura? Un candidato ideal para ejercer de fantasma dirigido por las drogas y el alcohol. Aún más cuando décadas después se compensó económicamente a los afectados con solo pensiones. Otro intento-parche de aliviar la culpa de Occidente.

Aquella primavera se estrenó para mí asistiendo a la ceremonia indígena de la salida del sol. Muy tempranito allí estaba con una amiga para tener esa experiencia y terminé asistiendo todo el fin de semana. Me sentía en casa. Muchas ancianas tenían la piel morena como mi propia abuela. Los rituales con tambores resonaban en mi interior y despertaban sensaciones que reconocía sin saber por qué. Una de ellas me miró desde el otro lado de la sala y me indicó que me acercara. Veía algo en mí de lo que yo no fui consciente hasta años después y me invitó a la ceremonia de las mujeres. Pero tuve miedo y me disculpé educadamente.

## El Taller de los sueños.

Me apunté al taller de los sueños que estaba casi repleto. La abuela Smith llevaba una cesta de mimbre llena de pequeños objetos que recogía del bosque o de lugares que visitaba. La cubría con un pañuelo que representaba la telaraña o entramado de la vida que la amiga araña tejía. ¡Era todo tan emocionante y mágico!

Todas metíamos la mano en la cesta sin mirar y sacábamos un papelito de color donde había algo envuelto. Me tocó un pequeño coral rojo que me transportó a un sueño que había tenido en otro momento. En ese sueño, yo estaba en un río de aguas cristalinas, me sumergía y miraba las piedras y corales de hermosos colores. Podía respirar sin dificultad. Mientras observaba el bello mundo del fondo del río, me vi atraída por un trozo de coral que cogí y saqué a la superficie. Al verlo fuera de su medio natural, sentí que perdía parte de su belleza y decidí devolverlo a su espacio.

Al preguntar la abuela si alguien quería compartir algo, yo, sin pensar y en mi timidez de aquellos tiempos, levanté la mano y compartí mi historia en medio de aquella sala de gente desconocida. Mi sueño me transportó a otro estado. Fue como si en aquel lugar rigieran otras normas y los sueños fueran parte integral de la vida pública y estuvieran ahí para ser compartidos con toda naturalidad. Lo más hermoso de la experiencia fue sentir la atención y el respeto de la sala y de la abuela. Sus ojos de mirada profunda y sonrisa suave me atravesaban con gran ternura mientras asentía diciendo: «Eso estuvo muy bien. Volviste a dejar el coral donde pertenecía y podía lucir su máximo esplendor y ahora gracias a ese vínculo que se creó, ha encontrado su camino hasta ti como regalo».

Todo y todos estamos interconectados. Mi sueño es solo un detalle más que ilustra la serendipia y los vínculos invisibles que nos conectan a todo. De algunos somos conscientes y de otros muchos no. Lo cierto es que en muchas filosofías se insiste en que vale la pena entender las circunstancias y las personas que atraemos, pues no es el azar quien las envía o pone en nuestro camino, sino hilos invisibles trazados por nosotros mismos o seres muy estrechamente ligados o asociados a nosotros. Es un gran desgaste y pérdida de tiempo renegar de esa responsabilidad compartida que tenemos con el universo y nuestro entorno personal y global. El acto de fe original de esta historia es que el desapego por poseer a alguien o algo crea un lazo mucho más sólido y estable que el ansia por poseer bienes y personas en cuerpo y alma.

Me despierto con el subtítulo de este texto claramente expresado: *Memorias selectivas de un alma creativa en gestación.* Como de costumbre, llega en una frase magistral que me ofrece un marco de contención y eje para estructurar esta retahíla de pensamientos que orbitan mi mente en una danza perfectamente sincronizada. Hay armonía en el aparente caos de nuestros pensamientos. Por momentos, parece que van a colisionar, pero el espacio invisible entre ellos existe en todo su derecho. Ese campo electromagnético entre pensamientos nos ofrece la textura para amoldarlos a situaciones que puedan provocar. Así se evocan hipótesis tentativas antes de verlas manifestarse sobre la página o nuestra mente en blanco.

Esta mañana me siento ligera. Esta liviandad comenzó ayer. De pronto la percibí y le di el reconocimiento debido para que se hiciera más palpable y real. Ahora solo se trata de despedir la carga con cariño y darle el apoyo y desapego necesarios para que siga su camino.

La despedida me regala un recuerdo que apareció en un sueño hace unas noches y me remonta a mi década de estancia en Canadá. En este sueño aparezco yo gritando que no quiero estudiar más. Nunca había concebido conscientemente el cansancio que supuso hacer un doctorado en una universidad prestigiosa de Canadá y cómo me organizaba de forma perfectamente racional para crear situaciones que me permitían viajar con la aprobación del mundo académico y a su costa pues me proporcionaba fondos para asistir y presentar mi investigación en conferencias internacionales. Aparte y tan importante como lo mencionado, o incluso más, estaba el orgullo que suponía para mi familia vivir su versión imaginada de esos viajes a través de mis relatos. Con el aliciente añadido de incorporar la emoción que se transmite con la inmediatez del relato oral cuando se comparte mientras se experimenta.

Hay chispas que se transmiten a medida que se configuran las imágenes y su expresión. He aquí un ejemplo palpable que no necesita de un acto de fe original de lo que la ciencia cuántica ya descubrió en el siglo pasado. El experimento de la doble ranura, según el cual una partícula se comporta como átomo u onda dependiendo de si el observador mira o no, ha desbaratado un poco el pedestal de la ciencia de los milagros. No así el de la magia que podemos realizar, no de forma aleatoria sino a voluntad. La famosa imagen de la mariposa que bate sus alas, provocando un huracán al otro lado de nuestro universo nos devuelve una mirada potente. La evidencia es irrefutable. Un mundo *oculto* y momentáneamente invisible se expresa con una voz casi inaudible y, sin embargo, se hace sentir con una presencia contundente.

Los opuestos y polaridades a veces encuentran uno o dos puntos donde se tocan por un instante para pasarse el testigo. Todo un logro para aquellos que sobreviven en la disfuncionalidad gracias a la paradoja divina que ha generado un nuevo tipo de fe original. Una fe unida a una fuente común de la cual se nutren.

## Barcelona, 3 de junio de 2013.

Mi madre estuvo hospitalizada en la UCI en estado de coma durante más de una semana. Pregunté a mi hermana quién la estaba reteniendo. Nosotras a los dos días nos habíamos dado un abrazo delante de su cuerpo inmóvil sintiendo que estaba cerca de algún modo y le dijimos mirándola: «Estamos unidas. Todo está bien entre nosotras, no padezcas y sigue tu camino». A los pocos días mi padre nos confesó que era él quien no la podía soltar. Convaleciente de una operación de tumor de colón, que creímos iba a ser su final, lo superó y allí estaba pálido sin saber bien por qué era ella la que se iba en vez de él. Finalmente, la dejó partir o se fue sin más. Los dos actos coincidieron ese mismo día como dos acuerdos que se dan la mano para sellar el pacto.

Los días que mi madre estuvo en coma, la visitaba por la mañana temprano. Me llevaba un libro y un termo con té para estar un ratito a su lado. Para que supiera que la acompañaba, para sentir que ella me acompañaba. Le puse en su mano un corazón rojo de lienzo que encontré con la frase «Te queremos». Le pedí a la enfermera que, después de asearla, se lo colocara de nuevo y así lo hizo. Aprecié enormemente su respeto por mi dolor y apegos.

Pronto, demasiado pronto, llegó el día de la despedida final. Fue rápida, cuando llegué acababa de desencarnar, pero durante mi viaje al hospital me embargó una sensación de luz y dicha que casi me parecían impropias. Sentí una dosis minúscula de lo que experimenté cuando viajé fuera de mi cuerpo en el accidente de coche. Supe desde un lugar muy profundo que mi madre estaba en un estado maravilloso y era dichosa. Esa noche que ella durmió en la fría sala funeraria, yo la vi en sueños salir del ataúd e irse. Cuando fuimos a la mañana siguiente para la incineración y la miré, comprobé que su alma ya se hallaba liberada del cuerpo que había habitado durante setenta y nueve años.

Tuve tres sueños en los que mi madre venía a verme y me abrazaba diciendo con alegría y sorpresa: «Eh, que no estoy muerta. Mira, tócame». La tocaba y la abrazaba y era cierto, totalmente cierto. Al despertar lo seguía sintiendo y pasaba mi día feliz como si la hubiera visitado en su casa y ahora yo estuviera en la mía con mi hija. Volvió a visitarme un par de veces más, pero entonces era más joven.

Fue en uno de esos sueños que me dije: «Estoy soñando» y tras un gran esfuerzo le pregunté otra vez si estaba viva y si nos ayudaría. Ella me dijo que sí. La segunda parte de mi pregunta fue: «¿pero desde aquí o desde el otro lado?». Al recibir la respuesta, la miré a los ojos y vi un universo sin límites en ellos mientras me respondía: «Desde el otro lado» y me desperté del sobresalto. Así comenzó mi verdadero duelo. Uno en el que tuve que madurar y crecer en vez de aferrarme al consuelo de muchas ilusiones.

Yo que siempre había estado explorando y creyendo en la vida después de la vida, me empeñaba en saber dónde estaba mi madre exactamente.

Mi madre volvió en sueños algunas veces más. Durante una de ellas, en concreto una vez antes de Navidad, me dijo: «¿Te ha dicho tu padre lo de los corazones?». Le respondí que no. Según la información de mi sueño, ella quería regalarnos un corazón de oro a cada una de nosotras. Mi padre no recordaba que le hubiera dicho algo mi madre, pero respetamos lo que entendimos debía ser su voluntad y los busqué. No los encontraba. Sabía exactamente cómo tenían que ser. Y un día que no los buscaba, vi uno en la vitrina de una joyería pequeña. Era redondito y con volumen. La mitad de oro brillante y la otra en mate. Necesitaba 5 y costó reunirlos, pero lo logré. Hace unos días volví a ver el mío entre las joyas y por primera vez al mirarlo de cerca de nuevo vi que, en medio, en la línea curva que separaba la parte brillante de la mate, ponía «Te quiero». Nueve años habían separado estos acontecimientos.

*El origen, la fuente de vida, siempre se hace sentir en los momentos más inesperados. El tiempo lineal no existe en el campo de los sentimientos. Los lazos que nos unen a ella son invisibles, vive como las constantes vitales, antes y después de lo que denominamos muerte del cuerpo físico. La vida es siempre.*

## Febrero 1997. Regreso de Canadá a España. Iniciación Reiki de primer nivel…

Explosión de luz en mi entrecejo. Un Big Bang personalizado para que quepa en la pantalla de mi diminuto entrecejo. Una ventana a un universo que ni sospecho llevo integrado. De otro modo, ¿cómo es que veo semejante espectáculo con mis ojos cerrados al soplar Leonor en mi frente? Este acontecimiento, como numerosos otros a partir de entonces, se suceden uno tras otro. Se lo comento a ella y se queda mirándome fijamente sin hacer ningún comentario que yo recuerde. Vuelvo a reunirme con el grupo y seguimos el fin de semana en una frecuencia que me consuela y me integra un poco más tras el shock de mi regreso a Barcelona.

Aquel jueves había ido a renovarme el DNI a una oficina de Balmes y caminando por Provenza entré sin pensarlo en un centro llamado *Antares* y fue como si estuviera magnetizada. Salió una mujer, Merçè, y le pregunté si alguien me podía dar un masaje porque me encontraba muy desasosegada. Una profunda ansiedad en todo el cuerpo me decía que tenía que hacer algo urgentemente. Ella muy amablemente me dijo que solo estaba ella y que me podía ofrecer una sesión de Reiki. Me pidió la fecha de nacimiento y se quedó pensativa mirándome. No sabía de qué se trataba, solo que necesitaba atención primaria inmediata. Tras la sesión sentí unas ganas inmensas de llorar, me di permiso diciéndole lo que ya sentía en lo más profundo de mi ser desde antes de llegar a España. El mundo, es decir nuestra tierra, está muy, muy enferma. Ahí es cuando, por una sincronicidad divina, me contó que aquel fin de semana vendría Leonor de Sagunto a hacer una iniciación de primer nivel de Reiki. Sin dudarlo, me apunté y así comenzó un viaje interior a mundos desconocidos a nivel consciente, aunque tan familiares a otros niveles más sutiles. Mis células recibieron la iniciación con gran alivio y esperanza, como si hubiera llegado a mi verdadero hogar, al menos temporalmente.

A medida que escribo estas líneas siento como si mis células, una vez más, se sueltan y respiran con alivio. Ahora, con mucha más experiencia, acepto conscientemente lo que me negué a reconocer y sentir plenamente la primera vez que, tras levantarme una mañana en Toronto, mi brazo se electrizó. Apenas podía escribir unas líneas sobre un pensamiento que solo puedo recordar como la idea de un nivel divino, Dios. La respuesta estaba en lo que escribí como si me lo dictaran desde otro espacio tiempo. También recuerdo que, una vez transcurrido el episodio, me dije mentalmente o dije al universo: «No voy a permitir ser utilizada de esta forma hasta que sepa la fuente de este tipo de intervención». Me salió de lo más profundo y mi conciencia, tras pronunciar aquel pensamiento, se quedó tan perpleja que simplemente me levanté y archivé el dato hasta este momento.

La voz o, mejor dicho, el pensamiento que venía de otro nivel ha aparecido en mi vida en ocasiones muy puntuales. La siguiente fue cuando empecé a interesarme por el budismo y planeaba un viaje al norte de la India para hacer un retiro con el Dalai Lama. Justo antes, a mi padre le diagnosticaron un cáncer de próstata. Estaba en la biblioteca de *Robarts* en Toronto y recuerdo con gran nitidez hasta la gabardina que llevaba puesta cuando pensé alzando la vista interior alarmada: «No he terminado, necesito más tiempo. Necesito saber si estoy haciendo lo suficiente». Apelaba a otro nivel del cual no era consciente pero que obviamente conocía. Fui a Barcelona para estar durante la operación. Quise ver personalmente al doctor antes de que entrara a quirófano y le dije con mirada profunda que confiaba en él y estuve meditando todo el tiempo que duró. Al terminar la intervención vino una enfermera y me dijo que todo había ido muy bien y añadió, sin yo preguntar, que nunca había visto operar al doctor con tanto amor y cuidado.

Todo un éxito que culminó con el decreto del médico a mi padre. El cáncer estaba muy concentrado y tras los análisis al cabo de unos meses, le comunicó: «Juan, de esto no vas a morirte». Más de veinte años después, con 90 años mi padre seguía vivo tras superar el Covid-19 con vacunas y sin secuelas hasta que un día de mayo de 2023 sus huesos dejaron de sostenerle. Se dobló su cuerpo con reverente respeto hacia su espíritu en preparación de ese nuevo viaje en el que ahora se halla y acompaña a los seres queridos que ya cruzaron ese umbral y tanto echaba de menos.

## Marzo 2022. Tras unas entrevistas a Matías de Stefano desde Sedona…

Me he vuelto a conectar con mi expresión espiritual a través del cuerpo y vuelvo a perder el miedo a lo que se suele denominar muerte. Siento una fuerza y emoción interior potente, contenida, que no se desborda fuera de mi materia, sino que reconoce su espacio denso. Una onda magnética lo sostiene y lo replica en otra dimensión muy cercana y unida al corazón de mi esencia.

*No hay separación entre las partes que formamos tu individualidad. Algunas de nosotras habitamos tus emociones u órganos, como el corazón, hígado, riñones etc. Otras trascendemos las líneas de tu contorno. Nos expandimos fuera de tu silueta sin dejar de abrazarla ni alimentar con nuestro calor su superficie y densidad compacta.*

*Te sientes nuevamente parte integra del Todo pues has encontrado otra clave que te faltaba reactivar. Retomas ahora la dirección rumbo a un horizonte lleno de posibilidades escogidas y acompañada de tus fragmentos kaleidoskópicos ya armados en formato dinámico multicolor. La soledad no tiene ya razón de protagonizar en exclusiva este instante cocreado por numerosas piezas en sincronización. Se te hace sencillo comprender lo que en otros momentos tu diseño humano mostraba deshilachado, sin patrón concreto.*

Me invade una profunda calma. Una vibración que no comparte frecuencia con emociones más elementales como el miedo, la duda, la dualidad polarizada. Me siento un milímetro más completa en una percepción que, aunque temporal y efímera, traza un sendero por las líneas neurológicas de mi cerebro. Respiro profundamente para sostener la experiencia con suavidad y determinación a la vez. Labro y alimento los surcos de mis células grises con corrientes verdeazuladas de energía vital. Me alimento de la luz y la imagen que veo en mi interior con los ojos abiertos a medida que tecleo en el ordenador.

Es asombroso cómo las frases se componen sin apenas pestañear, sin pasar por mi conciencia. Describo lo que mi mente me indica sin dudar dónde o cómo verter este arroyo de escritura. Me derramo y derramo esta sensación momentánea de paz y de coherencia mientras fluyo en la expresión. El magma de sensaciones se va componiendo a mi son y no me preocupa nada, ni complacer a nadie con lo que estoy recibiendo y transmitiendo. Es como un dictado de creatividad que mi espíritu me ofrece, ese resquicio de libertad anhelada durante tanto tiempo.

Así, mi acto de fe re-toma mi cuerpo y de su hermosura emanan destellos brillantes de luz. Lo veo, me veo y me da una gran alegría ser testigo privilegiado de esta experiencia espontánea que me regala el universo. ¿Cómo agradecer este acontecimiento? Respiro hondo y me detengo con cariño para mejor apreciar la sensación. Gracias.

**Mayo 2019, Cambridge, Inglaterra.**

Oigo por primera vez una historia del origen del universo que tiene ecos profundos y algo se despierta en mis células aletargadas por una estancia prolongada un año más de lo previsto inicialmente.

*Las nueve lágrimas que derramó el universo a medida que se iba creando a sí mismo.*

Una pista para entender mi momento en esta dimensión reducida y restringida de la cual se puede salir airosamente si enfocamos nuestra atención en aquello que verdaderamente importa: el espíritu de nuestra propia trinidad. Según la historia que he oído contar al recordador Matías y él a su abuelo en una vida anterior, en un principio el universo derramó nueve lágrimas que dieron inicio a los nueves caminos o dimensiones que transitamos. Es a medida que habitamos cuerpos con distintos grados de densidad, que nos vamos conociendo en esta experiencia humana *multiversal.*

Que nuestro origen se relacione al verter de nueve lágrimas es como ver caer nueve gotas en un estanque y observar cómo las ondas se expanden e interconectan formando un hermoso diseño entramado en el agua. La imagen me causa una fuerte emoción ante la anticipación de un aspecto de la creación, para mí, insospechable. Me imagino la etapa previa a la creación literaria, cuando algo que no se ha manifestado todavía y que esperamos con gran expectativa está a punto de emerger de nuestro interior. Me invoca el nacimiento de una nueva criatura o planta a punto de brotar y salir a la luz. Una imagen que me resulta entrañable y me resuena con profunda coherencia.

Mientras que el Big Bang nos sugiere el parto como una erupción volcánica, las nueve lágrimas nos permiten apreciar la etapa final de la gestación e imaginar la alta tensión emocional que le precede. Lo que viene después lo hemos conjeturado con más o menos acierto. Yo desde niña he sentido como si esta experiencia humana no fuera real. Es más, en mis sueños siempre he solido sentirme más viva y que todo es más real que al transitar esta vida que la mayoría llaman realidad. Lo cierto es que la Inteligencia

Artificial no me parece distar tanto de parecerse a la forma en que la mayoría de los humanos hemos llevado nuestra existencia terrenal. Las programaciones de la escuela, el gobierno y la religión han funcionado muy bien para crear siervos obedientes que alimentan un sistema en proceso de autodestrucción.

No sé si es ni siquiera tan relevante hacer pública la información que algunos estados prometen compartir respecto a cómo se ha ido consiguiendo una tecnología que nos puede llevar a la destrucción del planeta. Se ha creado tal nivel de desinformación y noticias falsas que el control sobre las masas está garantizado a través de la economía y los bancos, de dinero y de miedos. Según algunas voces se trata de nuestra propia creación que ha surgido de un nivel creativo muy rudimentario y limitado, basado en el bienestar piramidal.

> *Visualiza una espiral de luz ascendente y descendente a la vez. Los círculos no son cerrados y la inteligencia del universo se rige por figuras geométricas sagradas. Donde el humano poco consciente ve un círculo vicioso, debes ver tú la proporción áurea y la espiral. Un canon de Da Vinci actualizado y conectado a la fuente divina que nos alimenta directamente, aunque no seáis conscientes de ello.*

La voz creativa me magnetiza y arrastra a seguir escribiendo como tocada por un cetro de luz. Me reactivo y continúo con un sentimiento de bondad y servicio hacia un plan mucho más profundo de lo que yo puedo percibir desde mi limitada expresión física. La conexión se hace sentir y eso me basta para retomar la línea horizontal que manifiesta palabras en una pantalla, curiosamente también de luz. En mi libertad al escribir fuera de un marco académico se encuentra el poder de decidir cuándo es necesario o conveniente tomarme un respiro y dar los últimos retoques antes de compartir este contenido.

**Un hoy que fue y ya es mañana.**

El globo blanco que aterrizó en mi balcón me dio el punto de conexión para enviarle a mi hija un mensaje esperanzador. ¿Qué probabilidad hay de que un globo blanco llegue a tu balcón de un cuarto piso en la esquina de una avenida muy amplia de Barcelona? Muy pocas y muchas menos son las probabilidades de que, a pesar de todas las disfunciones que supuestamente tienes auto-diagnosticadas, tú puedas sacarte tu licenciatura de derecho holgadamente. Decreto con contundencia de madre. Mi lógica es aplastante, se puede corroborar científicamente con datos numéricos y gotas bombeadas por cualquier corazón.

*La magia es una realidad comprobada sin necesidad de entender el proceso que la produjo. Sin saber el origen verdadero de nuestra existencia somos pues un acto de magia increíble y podemos recrearla a cada paso para que forme parte de esta realidad tan rica y compleja.*

«¡Que así sea!», dije entonces.
¡Y así puedo corroborar que ha sido!

# PARTE II

# Punto de inflexión

La coherencia de unos se nutre de la incoherencia de los que se aferran a un estatus quo que rompe aguas para nacerse contra todo pronóstico.

## Quiero ver esto de otra manera

**¿Cuántas incoherencias vivo a diario?**

*Tantas como dudas tienes sobre si estás haciendo lo correcto según lo que aparece en el holograma de tus pensamientos.*

¿Cómo se puede vivir así durante años?

*¡A costa de nuestra salud mental, física y emocional!*
Las respuestas son inmediatas. Las conozco y las evoco cada tanto tiempo.

**9 de enero de 2022.**

Me despierto tras doce días de una gripe fuerte y rebelde (según el test que me hago en casa no es COVID, pero tengo muchas dudas). Me viene a la mente un diálogo con mi voz interior que se manifestó en enero de 1997 poco antes de volver a España.

Me recuperaba de la pérdida de un embarazo no planificado que había aceptado con ilusión. No pudo ser porque mi cuerpo no estaba en condiciones. Con gran dolor sentí la separación de un breve, aunque profundo, vínculo. Fue tan mágico como inesperado. En un intento desesperado por entender, mi mente se disoció en dos voces. Una preguntaba, la otra acudía a responder para mantener la ilusión de que, ahí en algún lugar, hay alguien que nos ampara y protege. No hacía tanto había vuelto de mi viaje a la India. Siempre mi espíritu viajero al encuentro de un algo de lo que mis lecturas hablaban y con lo que mi corazón resonaba. Es la eterna búsqueda interior que se proyecta en la exploración y el encuentro que se evoca al transportarnos a nuevos lugares para conectar con personas y estados manifestables del ser.

Ahora, veinticinco años más tarde, rememoro y visito desde dentro de mí misma paisajes existenciales. En este encuentro, desde un territorio más labrado, me reencuentro. El manuscrito ahora es como un vino añejo que, sorbo a sorbo, me activa rincones de la memoria algo adormecidos, pues los anestesié por miedo a hacerme demasiado amiga de la locura. Era Alicia que me magnetizaba desde el otro lado del espejo, donde todo es posible si se pone la atención e intención suficientes.

En estos momentos históricos la línea *imaginal* entre el consciente y el subconsciente se cruza con naturalidad. Se han caricaturizado y legalizado los avatares para navegar por este momento en que todo se oculta dejándolo a la vista, normalizando así la ilusión. La confusión es la reina del momento.

## Un paso atrás desde este nuevo futuro

### Enero 1997. Concorde Place.

*Los seres humanos habéis reinventado el tiempo. Intentáis arrebatar la exclusiva al sol, a la luna, a las constelaciones. Los ciclos naturales se alteran y exponen su ira, pues es el planeta quien, por encima de sus habitantes, prioriza sus objetivos. El universo late, respira y envía la energía vital que requiere nuestra tierra para evolucionar. Aquellos que no lo sientan así no podrán ajustarse a las nuevas frecuencias, bocanadas boreales que reinician el cuerpo electromagnético del espacio en que habitamos y a nosotros con él.*

Yo:

¿Quién eres? - me preguntaba.

Voz:

*Soy yo.*

Yo:

¿Dónde vas?

Voz:

*No voy, estoy en ti.*

Yo:

Camino en círculos para mantenerme generando.
Me regenero…
Entiendo que tengo conciencia y está sedienta.

Voz:

*¡Cómo! ¿Buscas agua? ¿Acaso no la llevas dentro?*

*Te crees física, pero eres volátil, etérea, fluida y luminosa*
*como el resto del universo. La visión desde tu cuerpo te*
*quemaría. Emite el calor que buscas en otros cuerpos.*
*¡Mírate al espejo de tus ojos!*
*¿No ves? ¿Sientes la humedad que se desborda, cual bálsamo*
*que sostiene la tibieza de tu cuerpo en constante formación?*
*¡Deja ya de buscar y encuentra!*
*Encuéntrate en el polvo que respiras,*
*en cada partícula que el viento suspende y te acaricia.*

Yo:

¿Dónde estoy? ¿A dónde hay que ir? ¿Cómo voy?

Voz:

*Has llegado ya, pues nunca te has ido. Alienada de tu fuente*
*interior, te declaraste huérfana.*
*Tu grupo de almas ha estado siempre contigo, pero la en-*
*terraste en la penumbra del olvido para caminar espacios*
*inhóspitos de esta tierra, estados en los que no es prudente*
*detenerse por mucho tiempo.*
*Ya es tiempo. El tiempo es siempre y está ojeándote desde la*
*ilusión de la ventana de tu existencia terrenal.*
*Ábrete a la luz o la luz te abrirá rasgando esas vestiduras*
*que te aprisionan a modo de cuerpo.*
*Bebe de esta visión hasta saciarte y desbordarte para que*
*otros beban de ti.*

Yo:

¡He estado tan árida!
Mi piel se ha cubierto de bocas anquilosadas, quijadas
abiertas sin movimiento.

Voz:

*Recibe el aliento que el universo exhala. Escucha su latido*
*y sintoniza el tuyo con él. La expansión y contracciones*
*divinas, cual telar cósmico, tejen los hilos de las nuevas*

*frecuencias creando así un entramado multicolor. Absorbe la intensidad y permite que la tibieza de tus aguas reblandezca la sequedad de tus surcos. Lentas, se suavizarán tus grietas y la humedad creará hermosos valles en el curso de tu rostro para dar a luz frutos inimaginables.*

*Tal y como sucede en un paisaje terrenal, recuperarás tu equilibrio y tu abundancia más allá de lo que tu imaginación puede anticipar.*

*No te vayas de ti.*

*No te seas infiel pues en ti se hallan tu origen y tu propio fin.*

PARTE III

# Soledades escogidas

Me aferro a un pozo de probabilidades.

El inframundo me envía cuatro desde sus aguas movedizas.

Bebo la poción. Soy otra Perséfone antes de partir del inframundo. Intoxicada por el brebaje, implosiono a un estado atemporal. Se borran las fronteras y el territorio interestelar es ilimitable.

Ningún horizonte guía mi ceguera que tropieza con la tierra de los sinsentidos. Recobro los míos y los sostengo en dos extremos de mis alas; la belleza que creo me alienta para sobrevivir.

# Probabilidades

## Líneas elongadas al reencuentro de su paz

## Probabilidad I

# Mujer cautiva del dolor

Una noche tomando un baño imagino la historia de una mujer enamorada del dolor. Me convierto en él.

A veces, una crea la cercanía con el dolor y de ese abrazo surge un intercambio amoroso. Un abrazo más cautivador que el propio amor.

Cuando amamos, nos duele el amor. Cuando no lo hacemos nos duele el dolor de la ausencia que identificamos fuera. Siempre están ahí con nosotros, como si de una pareja fiel se tratara. Me quedo atrapada en sus garras. Para poder despegarme, me arranco un jirón de piel. A partir de ahí hay que lidiar con la pérdida. Yo la rechazo, pues me han dicho que no me favorece.

Creé a una mujer cautivada por el dolor. La invité a acercarse a otros sentimientos: los miedos, el amor, la ternura… mis mecanismos de supervivencia y escapatoria. Le mostré los títulos de poemas cuyo contenido permanecían en la superficie, surfeando porque la profundidad era aún aterradora y dolorosa.

Con el tiempo a mi favor,
traduzco las líneas entre mis poemas
con labios entreabiertos suavemente.

Por el contorno de mis palabras,
trepan enredaderas de líneas liberadas del destierro.

# Probabilidad II

# Soledades escogidas

Tanta compañía y me encontraba sola. Tuve que crear una alianza con mi soledad.

El sentimiento de abandono me puso cara a cara con la soledad. El encuentro creó un ramillete de soledades de colores. Las bauticé como mis soledades escogidas.

## Primera soledad escogida

Me comparte que el vacío es como un sótano rebosante de olvido. La soledad puede respirar a través de los poros de las polvorientas paredes y ventanas. Respira verdades que emanan del eco de sus profundas entrañas…

Recuerdos memorables,
Certezas inexplicables.

Capturé esta soledad mientras se hallaba a contraluz
tras las cortinas y salía con sigilo por la ventana.

## Segunda soledad escogida: los laberintos de mi mente

No estaba tan sola sino desolada. Sola con mi desolación contemplándome a mí misma en el espejo del escenario. Un reflejo auténtico. Cara a cara con las distorsiones. Nos miramos compartiendo estocadas de dolor hasta que la visión se empañó y desaparezco.

# Probabilidad III

# Las piezas sueltas

Hubo soledades vulnerables que toqué y tocaron mis capas más sensibles. Fui compartiéndolas a medida que iban desvelándose a mí y a aquellos que habitaban los rincones de la incredulidad. A la espera de ser descubiertas, aquellas soledades enviaban rayitos demasiado etéreos para captarlos y poder transcribirlos en este cuerpo de papel.

Cara a cara con la náusea.
Corta y sangra
en el remolino de mi estómago.

Hojas de árbol
cayendo en lo profundo.

Contornos afilados
se hienden en las paredes internas
que con ternura rezuman
borbotones de gritos rojos.

## Probabilidad IV

# De gusano a mariposa

Transmutación del sonido en palabra…

OM se arrastra y me arrastra.
Desde el barro a la belleza extrema en pleno vuelo,
un arcoíris se despliega en abanico de colores.

Visto alas de mariposa,
pegajosa mi saliva
las acurruca en un caparazón.

Estoy llena de oscuridades.

Aun así,
respiro el aliento de mis colores,
me elevo hacia el cielo,
desde los humedales de las rocas
hasta la calidez del aire.

Un imán,
tu luz.
Mi fragilidad tenue se desprende,
se posa en la alfombra del suelo otoñal,
retoma con gracia el vuelo
hacia un nuevo horizonte.

# Siete grietas para ser feliz

## Safo y el Oráculo de Tempo
## o de la maldición de la palabra

"Cuídate de la ira y las palabras pronunciadas con desdén"

Ella me muestra las cartas de la vida.

Carta de los sueños n. 18:

El buscador contempla una flor entreabierta.
Reveladores, sus pétalos se insinúan cautelosos,
sus labios muestran con timidez lo que atesoran en su interior.

Soy, luego me agrieto.
*I am, therefore, I crack*

La historia se escribe en los intersticios de la incredulidad.
Mientras me adentro en la gruta, me compongo en siete grietas
donde resguardarme para recuperar el aliento y ser feliz.

### – Grieta número uno –

La felicidad existe, su sombra discurre junto a ella, cercana como una compañera fiel. Falta solo que se reconozcan mutuamente.

### – Grieta número dos –

La felicidad existe, su sombra lanza hechizos esenciales de mujer. Nos ciega su luz, pues hay que mirar con los anteojos del corazón.

### – Grieta número tres –

La grieta maligna del destino se traga el anillo del mal y me devuelve una sortija de corazones. Vamos uniendo los vasos sanguíneos como si de cabos sueltos se tratara.

### – Grieta número cuatro –

La India. Nueva Delhi al amanecer. El sueño me susurra un claro mensaje y me despierto de la impresión:

«eres una perla de la luna…»

A lo lejos y de fondo se escucha el canto de un pájaro que me invita a dormirme de nuevo mientras el sonido de una flauta suena acercándose con sigilo.
Me fundo en la ternura de la visión.

## – Grieta número cinco –

El silencio me grita con estridencia: *si tienes el valor de mirar, la vida siempre saldrá a tu encuentro.*

Me agrieto en la grieta de esa nueva conciencia y me nazco una vez más.

## – Grieta número seis –

*La entrega*
Hay una roca gelatinosa amarilla, la inspecciono, la estiro, dejo que se cuelgue por su peso.

La gelatina se desparrama. La piedra se desangra en la ruptura. En su interior hay texturas de tiernos pulmones en carne viva.

Las entrañas de la roca han roto aguas, han alumbrado un torrente rojo.

Yo disuelvo mi grito de inocencia en su fluidez.

## – Grieta número siete –

La séptima grieta se resquebraja, brilla con partículas milenarias. Desde las profundidades de nieblas por descubrir, la melancolía surge con un nuevo lenguaje.

Me agrieto en la grieta.

En reconocimiento, la bolsa de mis ojerosos ventanales dibuja una sonrisa en el cielo.

En la carta de los sueños n. 53, el discípulo da un salto magistral. La verdadera expresión no se guarda nada dentro.

Mis grietas ceden, se humedecen y nutren del gemido que tanto han anhelado poder expresar en este nuevo despertar. Ellas, por primera vez conscientes de su nacimiento, respiran con alivio.

La felicidad existe en la calma, derrama luz de mujer tierra.

Empiezo a soltar las tribulaciones de mi obstruida mente. Las paredes ceden. Me expando en una fina niebla y camino en la *etereidad* de estos nuevos pensamientos.

# Un antes, el durante y un después atemporales

## I. Oscuridades de pronóstico reservado:
### *Algo ha intentado asesinar a mi hija*

Enero 2022. Mi hija me llama desde Londres a media mañana para decirme que ha tenido una pesadilla horrible. Al menos las llamadas desgarradoras de llanto de madrugada ya han cesado. En su pesadilla hay algo o alguien no muy concreto, tal vez un ser, que intenta asfixiarla y matarla. Algo poco definido y perverso. Esa figura le decía: «Mira, ya te empiezas a poner azulada, no puedes respirar y vas a morir». En ese momento se despierta con gran ansiedad.

A temporadas solemos hablar de nuestros sueños y pesadillas cuando nos acordamos y nos sorprenden. Yo les presto gran atención, pues son como historias que encuentran el camino a la superficie de nuestra conciencia desde los túneles de nuestro subconsciente. A menudo aparecen como surrealistas, pero siempre hay claves que delatan las emociones que se disfrazan tras las imágenes que nuestra memoria logra retener a pesar de las distorsiones. Yo he tenido siempre muchos sueños y he analizado y estudiado los míos, pues casi siempre me acuerdo con detalle.

Le sugiero a mi hija que sienta las emociones que aparecen en su sueño sin enfocarse demasiado en los personajes. Vamos a por el mensaje y dejemos de momento al mensajero a un lado. En mi experiencia personal, los personajes de los sueños no son solo personas, sino que suelen ser partes fragmentadas que piden ejecutar su papel en el guion de nuestra existencia y, en cuanto nuestra controladoraególatra razón entra en *stand-by*, irrumpen en el escenario.

«La noche anterior fue tranquila», me cuenta y de hecho el día anterior cuando hablamos tuve la sensación de que finalmente parecía que entraba en una etapa más benévola. Más centrada en sus estudios, el gimnasio y algunas clases particulares que imparte para ayudar a sufragarse sus gastos personales. En otras palabras, las horas antes de acostarse fueron bastante ordenadas. Al parecer todo estaba bastante bien, por lo cual el incidente me hacía sospechar que la presencia asesina era una pieza de armas tomar.

Le propongo a Yas que escuche mi conjetura sobre el mensaje del relato que me ha compartido y seguidamente le digo, llevada por mi deseo irrefrenable de mantener un vínculo esencial para mí: «Te voy a contar lo que mi intuición me dicta y tu escucha y siente si la información que recibes te alivia, te resuena y resuelve el enigma de ese visitante nocturno que se coló en tu sueño».

Y sigo mis conjeturas diciéndole: «Sabes, sospecho que ese intruso suele actuar bajo todo tipo de disfraces para seducirnos y, si ello no resulta, asestar un golpe magistral a nuestra alma cuando esta vuelve a confiar en la vida. El intruso, al sentirse desplazado, utiliza su gran poder de autosugestión e intenta hacernos creer que vamos a morir de forma inminente, cuando en realidad está representando el papel de su propia auto aniquilación, un recuerdo del pasado que ya no queremos en nuestro interior y deseamos desterrar. No eres tú quien muere, pues al despertar estás viva. La actuación es magistral y el espejo en el que se proyecta, es decir, tu mente no detecta la duplicidad. Solo un espectador desde fuera puede ofrecer un punto de observación con cierta distancia y rescatar a la protagonista del sueño al despertar. También en el sueño podemos desdoblarnos y rescatarnos a nosotras mismas pero eso requiere un poco más de rodaje».

»Querida Yas –le digo con firmeza– has dudado de ti misma. El intruso en tu sueño es la duda de si puedes vencer y sobrevivir a todos los traumas que has sufrido a distintos niveles. Como ya no tiene ese espacio en tu vida actual, pues la has desterrado, en tu pesadilla la duda o esa parte de ti que no se siente ya parte de tu yo actual, ha intentado aniquilar a la otra. Puede que vuelva a hacer acto de presencia, pero cada vez tendrá menos coherencia en sus apariciones pues tú, cual astuta detective, vas a ir desarrollando tus técnicas de detección y crearás tu propio sistema de alarmas. La próxima vez no te cogerá tan desprevenida, sin fuerzas. La confianza de tu poder sobre ella es un hecho».

Mi hija, que hasta ese momento había estado escuchando en silencio, me confirma con un suspiro de alivio y voz calmada que le parece una explicación sensata y coherente, o eso quise entender. Se tranquiliza y pasamos a hablar de otros temas como si nada hubiera sucedido o tal vez es lo que yo necesité creer en ese momento. Las historias nos rescatan, nos sanan, nos ayudan a reinventarnos y a crear finales coherentes a pesar de que la medicina y la comunidad científica hayan creado relatos-diagnóstico desprovistos de soluciones imaginativas que amplíen su radio de interpretación. Numerosos diagnósticos a menudo nos impiden integrar los fragmentos disociados que habitan dentro de nosotros. En vez de opciones, al villano o guarda de seguridad de turno, llámese cáncer, tumor, demencia, se le aplica una sentencia de camisa de fuerza antes de quemar nuestros sistemas nervioso y neuronal químicamente de forma irreversible.

Al síntoma no se le da la oportunidad de entregar o revelar su mensaje antes de deshacernos de él. Un mensaje que en sí merece nuestro respeto, pues nos otorga una nueva oportunidad de entender y entendernos como seres complejos que somos. Creando lenguajes nuevos a cada paso, se puede vivir mejor y reforzamos así nuestro instinto de supervivencia. ¡Que trágico que el miedo nos haga *disparar* primero y luego preguntar qué ha sido eso!

## II. Amigos en la oscuridad

Le muestro a mi hija lo que he recordado de su historia y me comenta que he olvidado una parte importante. Sin duda, le digo, nadie puede escribir nuestra historia como nosotras mismas. Sin embargo, me parece grave la parte que he omitido.

Se trata del momento en que ella, sin saber cómo, reúne todas sus fuerzas para soltarse y coger al enemigo, que ahora es claramente un hombre, por sus partes más vulnerables y le vence. Aun en mi negligencia de ese detalle tan importante para ella, pues le da la victoria sobre esa sombra, veo mi desviación como algo que me da que pensar.

La lucha ha sido suya, no mía. Yo me he limitado a recoger el final feliz que necesito para suavizar mi dolor. El proceso, aunque esencial, es variable. Lo crucial para esta historia que recuento es que las sombras se hallan en la oscuridad y contra todo pronóstico hay innumerables finales en su desarrollo y existencia. Cada persona debe, en la medida de sus posibilidades, imaginar sus finales, verlos y encontrar el más coherente para cada momento. Algunos finales aparecen en el horizonte como espejismos envueltos en llamativos colores. Las sombras en nuestros sueños y en la vida son en el fondo también aliadas que nos proporcionan avisos para alertarnos de peligros inminentes. Lo importante es que ninguna sombra se sostiene ante un rayito de luz, no importa de donde venga, una puerta, una ventana o un agujero en la pared sólida de nuestra mente...

A mí durante mucho tiempo me había atraído la oscuridad chispeada de estrellas, pero me asustaba a la vez. En la oscuridad veía gris, densa niebla en la cual me sentía atrapada y no me reconocía. Negué su existencia, una existencia que provocaba en mí una profunda náusea y entumecía mis sentidos. Durante décadas he vagado sonámbula, llena de dolor sin percibir que al negar mis oscuridades me estaba convirtiendo en una nube gris de la cual no podía escapar, pues yo misma la alimentaba. Era parte de la materia gris de mi cerebro que oscurecía todo mi ser.

Un día, cansada de mis oscuridades, sentí un escalofrío en un rincón del cerebro, percibí las oscuridades de mis amigos, y en ellas una oscuridad aún más profunda que la humanidad esconde bajo numerosas capas de ignorancia. Vagué por lugares inhóspitos hasta que reconocí una oscuridad brillante; tenía una edad milenaria, llena de la experiencia de la luz del universo que me habló de la profundidad de la existencia humana más allá del horizonte conocido.

Finalmente oí las voces de mi silencio y escuché con atención. Mis grietas se humedecían al ceder y se nutrían del gemido que tanto habían anhelado poder expresar al despertar. Conscientes de su nacimiento, mis oscuridades ahora respiran con más liviandad.

# En memoria de mi nacimiento

## I. El Mar

Fue entonces que inicié mi amistad con la sabia anciana en cuyos oscuros ojos yo percibía mares sin fondo. Me zambullí en ellos sin resistencia. Me tiré de cabeza en la oscuridad para comprender esencias que no puedo nombrar. A medida que buceaba en aquellos ojos ancestrales, encontré a seres nunca vistos antes por aquellos que han buscado la luz en actos ciegos.

La oscuridad del universo lleva en sus entrañas una luz tenue, suave y cálida. Aparece a menudo vestida en colores. Su belleza puede ser vista, pero tan solo un instante para llamar nuestra atención. Luego se esconde en las costuras de la ilusión y permanece ahí hasta que estallan por no caber en el cuerpo que, como una vestimenta, ignoramos hasta que estalla.

La expresión de este mar es un abanico de poesía cuyas aguas se rompen para despertar y nutrir nuestro ser. Bebo de sus aguas y la sal seca mis labios, forma dunas a la espera del ocaso.

## II. Los túneles

Desde el destiempo…

Beso los pies de la anciana de la oscuridad con gran reverencia y respeto. Se han convertido en profundas raíces que rasgan la tierra, cavando túneles, urdiendo en lo profundo. Adentrándose cada vez más en los laberintos de mi memoria, la fe que mueve estas raíces absorbe la sabiduría del elixir de la vida.

Ya no corre sangre por mis venas sino ríos y universos espesos conectados al centro de las entrañas de la tierra.

Veo,
bebo su visión…

## III. Las visiones y los visionarios…

A través del parpadeo de mis ojos sello visiones sin compartir, que se precipitan en el remolino de tiempos simultáneos. Veo y percibo lo que veo y escribo en las hojas moribundas de los árboles de la vida, pero mis pensamientos se disgregan y esparcen cual cenizas, para fertilizar mi ilimitada existencia.

Sobrevivo gracias al calor que la constante fricción me proporciona, a merced del viento que me aviva y el cosquilleo que me produce el suelo bajo la planta de mis pies. Me siento y siento, luego existo en el paraíso de esta conciencia creada desde este estado.

Me ramifico mientras hinco con firmeza mis raíces para así poder extender mi cuerpo hacia el cielo y la tierra a la vez. Dos direcciones que, aunque aparentemente opuestas, no me rompen, sino que estilizan mi belleza innata. El hilo platino sostiene la conexión temporal de los ilusos extremos de mi existencia.

# Creación, creatividad y salud mental. A buen entendedor… no menos confusión, pero cierta coherencia nos rescata

Nacemos en esta tierra sin hoja de ruta. El entorno, de distintas tonalidades y grados de disfuncionalidad, nos cautiva con un orden aparente, embellecido con pinceladas de colores que nos magnetizan hacia un horizonte tentativo y cegador. En medio de estos extremos se desarrolla nuestra existencia.

Una vez oí un chiste que advertía que según compartamos algunos de nuestros pensamientos o experiencias metafísicas con una persona de fe religiosa o médico de la mente, así nos clasificarán respectivamente de místicos o dementes.

Ciertamente una de las mentes más interesantes, expertas en psicología y el mundo creativo psíquico del siglo XX, Carl G. Jung, lo entendió muy bien cuando prohibió la publicación de su *Libro rojo* hasta 100 años después de su nacimiento. En él, la voz sabia y coherente de Teófilo tomaba las riendas de un diálogo interior que en otro contexto hubiera sido diagnosticado como esquizofrenia.

No se trata aquí de desmerecer la lucidez que brindan los estados de locura que han destilado escritores y mentes artísticas de numerosas épocas y orígenes culturales y espirituales. Sin embargo, muchos son sorprendentes. Por ejemplo, según algunos estudiosos, el éxtasis que una de nuestras místicas más famosas, Teresa de Ávila, sufrió durante cierta etapa de su vida, eran brotes de epilepsia. A la mayoría no se les ocurriría asociar extrema sensibilidad e inteligencia a un sistema nervioso complejo que intenta expresarse en otros lenguajes y formas. Hay síntomas y lenguajes aparentemente ininteligibles que aún hoy en día se clasifican como disfuncionales o diagnostican como enfermedad. Lo cierto es que es importante descodificar los nuevos lenguajes en los que se expresan grupos cada vez más numerosos de nuestra sociedad diagnosticados de autistas, deficientes o hiperactivos, entre otros.

La mente es tan libre que ponerle las riendas es una tarea que a muchas nos está llevando toda una vida. Navegamos en las tormentas de los programas que nos inyectan a una edad muy temprana. Quedamos inoculadas contra la originalidad y una evolución compartida en algunas zonas de contacto. Cuanto antes nos damos cuenta, antes podemos ejercer un acto de bulimia necesario para neutralizar los efectos más nocivos que habitan en nuestro sistema inmunológico. Pero los efectos residuales de los virus a los que estamos sujetos de forma constante se hacen notar de forma persistente. Pestes, inquisiciones, exterminios conscientemente dirigidos, Covid-19 en todas sus variables, Los anteriores son solo algunos ejemplos contundentes y rápidos a través de los cuales hemos podido observar la purga de supervivencia que la naturaleza ha ejercido sin impunidad ni permiso. El sistema social occidental es altamente tóxico en sus estructuras más internas y se ha hecho evidente sin piedad afectando a gran número de seres humanos de todas las culturas, clases, condiciones y edades. Finalmente, la humanidad parecía unirse ante un mal mayor común: la muerte amenazante en la invisibilidad de los tiempos.

La evidencia es contundente en la toma de medidas urgentes de parche que, de haberse tomado gradualmente, ¿nos hubiera cogido preparados? Para muchos ya, las epidemias han demostrado ser un sistema de selección normalizado. La sanción a nivel bilógico se nos ha dejado un sistema socioeconómico e inmunológico altamente inflamado, frágil y vulnerable. ¿Y que nos ha quedado? En versión oficial, una humanidad procesada y gravemente hipotecada a la espera de un juicio que no es final sino en un proceso continuo. Algunos grupos se desmarcan del pensar sistémico, abogando que la evolución empieza por la autoconciencia de que nuestro destino está en nuestras manos y que viaja por nuestras neuronas a las órdenes de nuestra mente. Comienza en esta etapa de auto-empoderamiento cuando nos damos cuenta de que incluso un cerebro físicamente sano no gobierna sus actos a voluntad.

A menudo siento que el cerebro como un *instrumento-antena* funciona de forma inalámbrica que a través de la fuente original cósmica nos infunde la energía necesaria para funcionar. De ese modo, la frecuencia afín para gestionar este vehículo, que llamamos cuerpo material, se nutre según nuestra apertura o desarrollo. El cuerpo en realidad no está compuesto de materia sino de energía inteligente en movimiento disponible gratuitamente para uso y beneficio de todos. Los grandes avances electrónicos y tecnológicos, al igual que importantes neurocientíficos, físicos y entendidos en epigenética, han demostrado cómo los pensamientos que generamos vienen condicionados por nuestros sistemas de creencias religiosas, sociales y financieras, las cuales afectan directamente a nuestro estado emocional e incluso nuestra genética y salud.

Deshacer una dinámica viciada es tan simple que a casi nadie se le ocurre creérselo de entrada. ¿A quién se le ocurre empezar un proyecto por la parte o tarea más sencillas cuando en lo complejo está el reto y el reconocimiento? Quien anticipa todo tipo de problemas antes de gastar las fuerzas, para arrancar, está comprometiendo la llegada a una meta final sana. Algunos nos planteamos al menos un acto de fe al afirmar que no tiene por qué ser así. El camino conocido es el que menos garantías ofrece para hacer algo nuevo, único y singular.

Hace varias décadas en plena terapia descubrí que mis miedos me bloqueaban grandes oportunidades y aprendí a correr hacia los abismos que yo sentía frente a mí. Los patrones del pasado me estancaban en un círculo vicioso, el presente se hacía insostenible con la duda y el salto de fe era lo desconocido pero lleno de posibilidades más benévolas que una incertidumbre angustiosa. Me imaginé como si fuera una mujer jarrón, no florero, caminando sobre una cuerda floja hasta que la angustia de no llegar me hizo escoger tirarme al vacío. Me imaginé el salto, aliviada por la emoción de sentirme caer libre por el abismo. Imaginé un mar receptivo en el cual podía refugiar mi caída.

He vivido muchas experiencias inolvidables siguiendo este patrón de comportamiento heroico, suicida y tal vez un tanto cobarde a la vez, según quien lo interprete. Sin embargo, esa sensación de inercia me sigue provocando desasosiego, ya más gestionable, que combato con los recuerdos y la riqueza que han aportado a mi existencia. En otra etapa este mecanismo de defensa hubiera sido diagnosticado como un trastorno obsesivo compulsivo.

Hoy en día, correr hacia el abismo ni siquiera me parece una acción normalizada pues las circunstancias diarias nos empujan a ello. Parece que aún no nos acostumbramos a contemplar la posibilidad de que se trata de una situación causada por nosotros mismos como sociedad global. Los desequilibrios los hemos creado inconscientemente, sobre todo por ignorancia, lo cual no nos exime de nuestra responsabilidad. No me cabe duda de que, con cierta capacidad de análisis sobre las repercusiones ampliadas de nuestros actos, no emprenderíamos la mayoría de las acciones que llevamos a cabo como colectivo humano.

En otro orden de cosas se hallan nuevos términos como los *trans-humanos*, *homo deus*, humanoides, híbridos, inteligencias artificiales o entidades y espíritus varios que aparecen y desaparecen a voluntad del holograma que nos imparten los medios de comunicación. Estas *novedades* sirven otras agendas tristemente no tan obvias. Las variables son tantas que se convierten en un amasijo de información en el cual nadie está totalmente a salvo ni totalmente expuesto. Como consecuencia, vamos *desajustando* nuestras percepciones y nuestra salud mental se ve forzada a crear otros patrones de autogestión de emociones, recursos y fuentes de energías renovables personales que nos permitan soñar e imaginar fórmulas algorítmicas independientes. De la tiranía estructural de las pirámides de poder social, religioso y financiero ya no deseamos aprender nada más.

Mi conclusión, siempre parcial, es que la naturaleza ha sabido cómo ponernos la zancadilla o darnos codazos de advertencia, por no decir porrazos de realidad y sufrimiento. Tal vez lo más triste es que el ser humano en situación límite sigue funcionando como un rebaño que ciegamente sigue al líder de turno que grita más o amenaza más horriblemente con actos inmediatos de destrucción masiva. Pero no conviene perder de vista los silencios de aquellos que crean pausas para recuperar el aliento y enfocarse en objetivos menos obvios, no por ello menos sorprendentes.

*A buen entendedor no menos confusión, pero cierta coherencia nos rescata.*

# Epílogo

*Por isto te amo, pe los peixes encantados…*
CECILIA MEIRELES

## ¿Y cuál es la finalidad de estos relatos, fragmentos de existencia expresándose en escritos poéticos sobre una página virtual?

La pregunta me lleva a un momento en paralelo que llamo pasado, cuando terminé mis estudios de traducción e interpretación. Acudió a mi mente entonces una pregunta que sonaba desde mi universo paralelo. Era la voz que habitaba y aún habita diferenciada en mí como observadora de mi recorrido en cada etapa de mi vida. ¿Y esto es todo? Ahora termino la carrera y según la programación implícita, aunque silenciosa, debo casarme, trabajar, tener hijos. Me horrorizó y se me petrificó el horizonte y decidí la ruptura final de mi noviazgo con las normas sociales religiosas y familiares preestablecidas. Cambié de ruta, seguí estudiando y pedí becas, lo cual me mantuvo ocupada unos años más, una década para ser precisa.

Viajé por Europa hasta que el destino me lanzó al otro lado del Atlántico diez años más gracias a una beca del Gobierno Canadiense y el Ministerio de Asuntos Exteriores español. A mí, que nunca había solicitado beca, me concedieron la única que se otorgaba para toda España. Las humanidades y el tema de la mujer era la nota que Canadá ya vibraba y yo me subí a esa frecuencia y a un mar de aventuras y retos que apenas me dejaba recuperar la respiración. Desde este otro nivel de conciencia actualizado entiendo que esa etapa fue como entrar en una cámara Fahrenheit y llevar a cabo el reseteo de mi cerebro para ajustar y llenar mi base de datos.

Décadas después, tras ver documentales y entrevistas sobre física cuántica, neurociencia, inteligencias alternativas de otras dimensiones (mal denominadas extraterrestres pues algunas llegaron antes y otras nunca se fueron), siento una gran curiosidad e impulso por escanear mi cerebro. En lo más profundo de mi ser pienso que mi sistema neurológico debe sin duda dibujar circuitos inusuales. ¿Cómo se puede recuperar una persona o niño para sortear los impactos, físicos o psicológicos, que me lanzó por la ventana de un coche que rodó más de 35 metros en los Pirineos? ¿cómo se puede proteger a unos jóvenes de los proyectiles visuales con que se bombardean las mentes a diario a través de los medios de difusión?

Aquel accidente de coche me lanzó a un viaje al centro de una luz irresistible. ¿O sería ese mi verdadero nacimiento en una conciencia o dimensión paralela en la que me siento vagar aun hoy en día y me rescata? Dado que esta existencia llamada humana no tiene demasiada coherencia sin alternativas en paralelo, me aferro a la opción y la anclo en el hecho de que la ciencia ya reconoce sin pestañear que todo procede y tiende a volver a un estado de fusión con esa fuente original, pues la energía ni se crea ni se destruye, solo se transforma. Se comenta que más del 99% del átomo no es materia, sin embargo, ¡cómo pesa y nos atrapa!

Yo no sé qué hay en esta conciencia que se escribe a sí misma para entenderse, ni quién es en su totalidad. Lo que se me ocurre es tenderla al sol y entretenerla creativamente hasta el momento de esa reunión definitiva con lo más cercano que he sentido como hogar, ese estado de ser y estar en un Todo maternal. Reconozco que aun cuando la vida continúa no lo hace por igual para todos. Para los seres abiertos a recibir y esperar lo inesperable e incognoscible, como los exploradores de la vida han hecho desde siempre, existe la emoción de seguir descubriendo y descubriéndose.

En un agradecimiento a la palabra, me hallé escribiendo súbitamente. Cuando terminé, lo leí para ver de qué se trataba. Mientras lo estaba escribiendo las líneas se habían colocado sobre la página como una cascada de fina lluvia sobre un arroyo que fluía con un suave recorrido. La *mediumnidad* que se da, y algunas personas ejercemos a la sombra, es mágica y constituye una parte oculta o no percibida de canalización a través de la transmisión escrita. Somos seres que a modo de faro emitimos una señal, normalmente de forma intermitente, para guiar a lo que llamamos las almas dispersadas, desorientadas o disidentes que habitan en nuestros cuerpos.

Desde esa consciencia, en algún momento en mí se desprendió la duda y generó una ola de emoción que limpió mi herida y regeneró la conexión hasta entonces defectuosa con mi hija. Ahora puedo transmitir con confianza lo que necesito desde una distancia que no es tal. No se me ocurre un acto de fe más original y honesto como alma que se sigue gestando con compasión, respeto, cariño y sigilo. Todo esto, por supuesto, es para personas que tienen *oídos que oyen*.

LIBRO II

# ALQUIMIA DEL GRIAL SAGRADO

## La caída de los velos

# I

# El Cáliz y la Rosa

*La alquimia del Grial Sagrado nos libera*

«Entonces —le preguntó la Rosa al Grial— ¿a quién sirves Grial Sagrado?».

El Grial le respondió tras una pausa para desplegar y acomodar el silencio a modo de alfombra roja. Se trataba de palabras profundas que se iban a pronunciar y recorrer la línea hacia la vida manifestada en sonido:

*«La pregunta siempre lleva la respuesta en su formulación. La fórmula se va conjurando en las distintas etapas de nuestra vida. Como metal en bruto, a algunas personas a quienes le falta experiencia, al verse expuestas a los elementos se les va curtiendo la piel. Voy puliendo mis toscas emociones como un cachorro que intenta torpemente dar sus primeros pasos hasta que acierta y comienza a irradiar una especie de luminiscente alegría. Ahí la luz cristalina del corazón se deja entrever y me va guiando a través de ese túnel sin fin que, a veces, me parece la existencia. La voz se hace presente: "Soy tu guía si me escoges de corazón, pues mi yo eres tú mirándose en un espejo"».*

La Rosa ante tal respuesta relajó instantáneamente sus pétalos, que empezaron a desperezarse como para dar la bienvenida a un sol suave, tibio de otoño. Se abrió ligeramente en un acto reflejo que no pudo entender porque no había pasado por su voluntad.

*«En un primer instante* —siguió la voz aterciopelada del Grial—*, el cuerpo parece serlo todo, un recipiente y templo a la vez que nos acompaña con un nombre grabado a fuego, invisible durante años y encarnaciones. No somos totalmente conscientes de su significado».*

Mi nombre es un ramo de canciones, cánticos y sortilegios cuyo valor me ha costado reconocer pues somos uno y muchos a la vez. Durante lustros una parte de mí se ha visto *espejeada* en las personas y se desgarraba por la distancia que creía existía entre todas nosotras cuando en realidad era un espejismo que mi visión velada intentaba penetrar.

La voz anciana del Grial Sagrado retomó el relato y la Rosa se acurrucó en su cáliz para mejor escuchar la voz que, como una fragante brisa interior, se desprendía en el ambiente:

*«Cuentan algunos maestros que, al ir llegando a nuestro espacio sagrado del corazón tras experiencias múltiples, empezamos a recordar que llevamos ahí grabado el deseo de lo más profundo que venimos a manifestar y vivir. Es en ese lugar donde se halla el recuerdo de la auténtica razón para estar aquí. El elixir de numerosos cristos y sabios corre por el consciente colectivo de vuestras venas y las raíces de la tierra os invita a beber de él. Cual savia que os nutre y alimenta sin preguntar, se os ofrece la vitalidad sin pedir apenas más que un poco de aire para purificarse».*

La reacción alquímica, ese revoloteo que me invade como si tuviera maripositas eléctricas en el cuerpo, se transmuta en una nueva sustancia. La vibración se acomoda al proceso para coagular su pureza destilada durante vidas y experiencias más bien mediocres y repetitivas. En esa transición algo debe quemarse y desprenderse como cuando los pétalos de una flor y las hojas de los árboles se desprenden, sin apego, porque saben que durante la nueva primavera una parte esencial volverá a nacer.

*«En otro lugar, paralelamente, una vibrante mariposa cósmica se manifestará para transcribir historias con héroes y heroínas de otras naturaleza y dimensiones.*

*¿Ves, sientes, intuyes cómo la información recorre nuestro cuerpo cósmico? Es parte de nuestro linaje mestizo humano-estelar y toma forma también en las líneas de este relato en que se precipitan, letra a letra, palabras en formación que llenan y rebosan mi copa para compartirme contigo, si así lo deseas».*

Los pétalos de la Rosa se abrieron un poco más para escuchar y ampliar su radar receptivo. Era como abrir los brazos para preparar mejor el abrazo a un amigo más grande que nosotros.

*«Y*—siguió contando el anciano Grial— *hace mucho tiempo, el relato de un niño que no llegó a nacer me entregó la llave que abre un tesoro más allá de este mundo. Una fragancia le precedía. Era la rosa de pétalos tricolor. El rojo lideraba y culminaba en la intensidad del blanco y el rojo dorado. Puro amor y pasión por la vida y búsqueda de la relación entre la experiencia humana, la creación y los llamados milagros sobre los cuales todas las culturas han basado sus misterios.*

*Mi amigo Merlín lo describiría como la magia de transformar un metal bruto en noble, que los humanos asocian con el oro. Muchos no sabrán hasta mucho después que se trata de transformarse ellos en sustancia lumínica inmaterial, éter y espíritu de magnitud relativa a la imaginación de quien recibe el misterio y se lee en estas líneas».*

Estimado lector, te invito a acompañarme en este viaje de aventura cuyas claves te iré mostrando, a veces entre líneas, otras con colores vivos e incluso con silencios esparcidos para que puedas ajustar tu respiración, para que te atrevas a absorber las maravillas que tu propia mente te va a regalar. ¿Vienes?

# II

# Las Claves: La Constelación de la Rosa

*La rosa,*
*mis pétalos encarnados,*
*palpitantes,*
*en carne viva,*
*esparcidos por el universo,*
*me convocan a la unidad*

Los registros estaban abiertos desde hacía años y el karma había sido perdonado cuando Janeth me ofreció lo que ya otras personas me habían propuesto: hacerme una lectura de mis archivos akáshicos. ¿Cuáles? ¿Los terrenales o los cuánticos?

Esa pregunta no fue necesaria, pues la naturaleza de la información que se manifestó nos dejó clara la naturaleza del trabajo que nos regalaba el universo: reunir los pétalos de la Hermandad de la Rosa esparcidos por nuestra madre Gaia y sus universos. Al irnos reencontrando se activaría un potencial de vibración que generaría una onda expansiva de sanación de la que nada ni nadie podría escapar. Tal es el amor que la vida tiene por el ser humano a pesar de sus torpes pasos y tropiezos. Es el amor y la compasión en acción de una madre que ve caer a sus hijas e hijos y se frena para transmitir la confianza que tiene en ellas al dejar que se levanten y blandan con orgullo las cicatrices y rasguños que dan fe de las victorias ganadas a las fuerzas densas vencidas.

Mariposas naciéndose son nuestras hijas e hijos y los principios de lo femenino que encarnamos todos los habitantes de este planeta. El alumbramiento es un proceso solitario que nos fortalece las alas porque estamos atravesando estados cuánticos para los cuales la distancia es el vacío, la trayectoria un instante a sostener sin necesidad de batir las alas. Ambos son y permanecen, en todo su esplendor de fragilidad y sutileza, infinitas e incorruptibles.

La preparación era ir con preguntas, pero al hacerlo me venían las respuestas, con lo cual, tras hacer una reflexión, planteé preguntar si se me había olvidado algo en este viaje. Algo importante que venían a recordarme a través de Janeth. La otra pregunta era por qué Janeth me ofrecía este regalo. Con humildad y sin expectativas fue mi encuentro en su encantador apartamentito del barrio gótico de Barcelona.

Empezamos y se abre un libro dorado donde aparece la rosa de cristal que decreta que una parte de sus pétalos han sido esparcidos por este universo que vemos y reclaman volver al cáliz de su flor original. Es momento de reactivar los registros cósmicos internos que llevamos y compartirlos con la humanidad, que actúa como un niño rezagado reacio a abrir un libro sin imaginar la magia que esconde entre los pétalos que otros llaman páginas.

Cuando se reúnan los pétalos se activará la rosa *álmica* en los corazones de todos los seres vivientes y el corazón de Gaia florecerá de nuevo. Una rosa cristalina activará los códigos atlantes que han estado a la espera de las frecuencias que solo las plantas y las flores reconocen, para abrirse y compartir su fragancia. Los guías estaban presentes y me recordaron que no estoy sola. Con cariño, me transmitieron su calor y amor, un alimento que escasea en nuestro entorno de metaversos artificiales técnicamente programados.

A los dos días de reconocer las claves de la revelación de los registros que recibimos, aparecieron los guardianes cósmicos que me recuerdan la tarea. Hay que reparar las conexiones cósmicas y coreografiar una danza de sanación. Hay que limpiar los residuos que flotan en suspensión e impiden a gran parte de los humanos despertar del sueño de lo que llaman vida y entrar en la nueva realidad de vida después de este simulacro holográfico. No es preciso fallecer. Algunos parecerá que se quedan atrás, pero llegarán por inercia cuando sea su momento y sientan que su realidad no se consolida por la falta de testigos y sustento de los que parten primero.

Los héroes y heroínas aguardan en el vacío interior de nuestros cuerpos y corazones cósmicos, que son en realidad fértiles mundos se hallan girando y listos para empezar a emitir desde su vórtex los nuevos sueños que se aglomeran en su interior deseosos de ver la luz. Las flores estrelladas del mundo de los sueños les han guiado hasta nosotros tras un largo viaje que no se mide en tiempo, sino en instantes de conciencia.

Nuestra estrella interior, como la de otros tiempos en Belén, nos revelará en su momento el don de la creación y su poder de sanación. Los regalos no se ven con los ojos físicos, aunque sí se proyectan a través de ellos y se sienten desde lo más profundo de nuestro ser, que es multidimensional.

# III

# La caída de los velos

## El velo más pesado.

### Confesión primera: El camino al corazón

Doy un sorbo de vino tinto añejo, la cena está en marcha y el postre listo.

La cocina, a la que nunca he prestado demasiada atención, me dio en esa etapa un punto de enfoque y creación. Centrada en la nutrición, no solo del cuerpo (lo tenía algo abandonado) sino del alma, aprendí a condimentar los ingredientes que mejor sientan a mi vida y la claridad que me da sustento se hace notar. No me veía envejeciendo así con aquella antigua versión tan gastada de mí misma. Sería como convivir con un fantasma que veo, pero con el cual no me puedo comunicar con la genuinidad y coherencia necesarias para la subsistencia, a riesgo de que se ponga en tela de juicio mi salud mental.

¡Qué legado más pobre para una hija!

Ahí comenzó mi nueva búsqueda: un alma disidente en busca de su gemela a través del universo terrenal y cósmico. Un espacio físico y etéreo que confluye en esta conciencia que se pregunta, a través de las palabras, cuál es el propósito de la existencia en un mundo dual, más allá de la experimentación obvia con los opuestos o complementario, su dominio o su trascendencia.

La palabra creadora, con su compañero el verbo, se definen como el lugar más sagrado de creación donde encarnar y compartir nuestra conciencia de vida en transición tras hacerse carne. Una copa, un Grial sagrado y la alquimia está servida...

Comienzan a encontrarse los ingredientes entre sí.

La poción,

*Una ristra de pensamientos*
*se desliza por mis cabellos*
*precipitándose sobre la línea*
*tejiendo sus brazos y manos*
*en delicadas trenzas,*
*comas y puntos que marcan el compás.*

*Los ecos rojos de su canto en palabras*
*gotean en la copa desde una herida abierta.*

*Sobre la página,*
*nueve líneas se despliegan en fórmulas*
*cuyo profundo origen nacen a flor de piel.*
*Oleadas de emociones sorben este potente elixir.*
*Se destapa parcialmente mi visón.*
*Mis deseos por tu etérea superficie me sorprenden,*
*el velo cae*
                    *a mis pies,*
*lo percibo,*
*siento,*
*veo.*

Inspiro profundamente y la paz se irradia desde el centro de mis células como una transfusión que me llena de vida. Cuerpo, alma, espíritu, multiversos, una cuaternidad sagrada sobre esta superficie que las une, página en la que el relieve de las palabras transmite una oleada de agradecimientos.

Mi último sorbo en tu honor mientras me expongo a un trabalenguas desde la inteligencia del corazón. Las palabras se derraman en la copa, su lenguaje se aglutina en un pacto secreto. Recargo la pluma en el tintero de este Grial sagrado y brotan en mis venas las líneas de la vida de esta historia.

La alquimia está conjurada, las líneas se manifiestan, ya transmutadas en azul, sangre noble sin reino en la muñeca de una hija que se niega a seguir por este valle de lágrimas sin sentido.

El tatuaje y la máscara entablan un dialogo interior fruto y eco del pasado que brota en las dos caras que florecen de ambos actos creativos separados por varias décadas. Aun así, la esencia humana de individuación que compartimos sigue vigente a pesar del tiempo lineal que nos separa.

Dos rostros unidos cual pétalos de rosa en un cáliz sagrado se abren como una hermandad *fractalizada* y dispuesta a encontrarse siempre y seguir unida en lo más profundo de su esencia. Ser parte de la Unidad, ser única y distintiva a la vez, es la cualidad de esta hermandad que se abre ante mis ojos y marca destellos de esa rosa cristalina que me regala mi imaginación guiada por las divinidades creativas implicadas.

Pido permiso para seguir al fractal existente entre mi máscara y el tatuaje de Yasmin. Le pregunto y me responde directamente: «¿Cuál es la diferencia entre la expresión de hija a partir de la madre u origen y la expresión de dos partes a partir de cada una de nosotras?».

En su respuesta se entreve la sorpresa de la pregunta, pues el dibujo que ha creado con tanto esmero se expresa a flor de piel y ha sido conjurado y cocreado con una artista que iba captando lo que ella deseaba expresar en las líneas diseñadas sobre su piel, sin palabras. La artista era la escriba de las emociones que el tatuaje intentaba manifestar en aquel delicado brazo que, unos años antes, no había podido articular el dolor sin expresarlo en heridas.

El dolor había sido predefinido más oscamente con varias cicatrices que se habían inscrito en carne viva, bocas del pasado expresando un llanto desesperado y mudo de dolor. Nuestras hijas e hijos nos están enviando mensajes encriptados. Es imperativo aprender a leer de nuevo, reconocer estos códigos forjados en sus actos y cuerpos tachados, muy a la ligera, de deficientes, enfermos mentales o disfuncionales. En realidad, son una extensión y manifestación de nuestras carencias, el resultado de una sociedad que todavía no ha aprendido a escuchar con intención de oír.

¿Cuántas veces los hijos nos llevan al pasado para que, al verlo repetido en ellos, nos percatemos de lo que se transmite y se hereda? Vamos cargando la mochila sin darnos cuenta. Se trata de las mochilas emocionales, tan densas e invisibles, aunque sentidas. Se hacen tan naturales que creemos que son parte de nuestros cuerpos y no las soltamos por miedo al desnudo. Esas mismas emociones no siempre encarnan en líneas ordenadas, con puntos y comas bien situados. A veces, hay que moldearlas y darles formas con nuestros dedos físicos como si fueran esculturas que se resisten a abandonar su estado acuoso natural y seguirnos en nuestra expresión más sólida.

Dos en una o una naciendo de las entrañas de la otra. Es complejo separar lo que nace de la misma fuente y se alimenta de ella. El cordón umbilical etérico se estira sin límites entre nuestros cuerpos físicos y la fuente divina de la que nos nutrimos.

## Diálogo a dos caras: la máscara y el tatuaje

Siempre me fascina la sorpresa con que yo misma recibo los mensajes que a través de mi mente se descuelgan. Una cascada de palabras a modo de velo delicado va cayendo y me muestra imágenes que fluyen desde un manantial que, tras recorrer las cuevas y laberintos de espacios profundos, gotea unas líneas cristalinas vivas y refrescantes.

Recuerdo de mis viajes por culturas ancestrales, que las máscaras no eran en su origen una forma de tapar u ocultar el rostro sino muy al contrario. Eran objetos rituales a través de los cuales habla o se comunica el espíritu. Por lo tanto, la aparición de una máscara de doble rostro o el diseño en la muñeca de Yasmin han cobrado un significado de dimensiones mucho más profundas de lo que pueda parecer a primera vista. Se trata de una piel curtida, trabajada, que intenta comunicarnos un mensaje hasta este momento velado incluso para nosotras mismas.

Viajé mucho en esa época, pero a lugares externos. Ahora lo hago desde una silla y a través de mis dedos que van vertiendo recuerdos sin cesar a la mínima invitación. Se acumula mucho en la vida y si no lo compartiésemos, ¿qué sentido tendría?

La doble cara en la muñeca de Yasmin describe dos caras de mujer andrógina, un autorretrato a dos caras, como un ser *biunitario* que se reconoce en una nueva expresión de sorprendente riqueza. Mi espejo interior me transporta al instante a Toronto y la máscara de cerámica que surgió de aquellas clases nocturnas de arte que hice para compensar la aridez de un intensivo sistema universitario canadiense anglosajón.

Un momento clave de identidad en la que una parte de mi reconocía y se percataba de otra que había permanecido en simbiosis y se atrevía a definirse en su propio derecho de existencia autónoma e individualizada. Todo un nacimiento que celebrar con la misma ilusión con la que se anticipa la anunciación de una vida para una madre primeriza. Mi nueva identidad se iba forjando al salir del entorno familiar que tanto añoraba y del cual huía a la vez. Un no querer y un necesitar luchaban por ganar aquella batalla cuya victoria no podía ser otra más que pírrica. Pirra, hija de Epimeteo y Pandora, se manifestaba en ese escenario atemporal y mítico.

En la máscara y el tatuaje, expresiones separadas por más de tres décadas, se hacía manifiesta una separación entre dos rostros que, cual caja de Pandora, nos daba a entrever algo que se había hecho esperar. Al igual que sucede en el mito, parecía que lo único que quedó de aquel acontecimiento no fue la esperanza, como erróneamente se ha interpretado, sino la espera que se revelaba fructífera y llena de posibilidades.

No es sencillo nacerse a una misma. La partenogénesis no está reconocida en humanos sapiens. Tal vez seamos ya una especie en la que se augura el nacerse a sí misma en esta nueva etapa hacia la reconfiguración del ser. ¿Por qué no invitar a evolucionar al conocido homo sapiens, sapiens hacia la *dama divina en cada ser*?

Dos pétalos complementarios son testigos de esta reconfiguración de género biológico que promete. ¿Cómo se reacciona ante una versión de una misma igual y mejorada a la vez? Almas gemelas, madre e hija, origen y vida engendrada a partir de ese inicio y, sin embargo, no idénticas. ¿Puede acaso haber en nosotras dos partes casi exactamente iguales, en distintas etapas de nuestra existencia?

La respuesta llega de la mano de un relato visionario de Avicena de una belleza extraordinaria que me inspiró hace ya más de una década a volar más allá de esa tierra, tan prometida y rota. El paraíso de la ignorancia de algunos sistemas de creencia nos han tenido entretenidos durante demasiados milenios.

En su relato de *Salâmân y Absâl,* el sabio alquimista y filósofo me invita a un viaje por las pasiones de un hombre enamorado de una mortal casi inalcanzable. La figura no es más que una visión externa y deslucida de otra figura femenina mucho más extrañamente hermosa y escurridiza. El relato tiene tintes de un cierto ser mitológico llamado Eros o Cupido y la mortal Psique. Los amantes se hacen de espejo y nunca llegan a consumar conscientemente ese viaje al interior, por lo cual la trascendencia pasa por una muerte física del alma o Psique. En el relato oriental, Oriente no es un espacio geográfico sino interior. De ahí que el de Avicena sea un relato visionario y no se detenga en los personajes iniciales, sino que implique una separación para reconocer a la otra parte en el uno que la proyecta.

En el encuentro con el alma, cuando ya parece que llega el final, Avicena de pronto mueve su línea del horizonte para regalarnos otra visión que va más allá de ese objetivo que creíamos haber alcanzado. Un nuevo fractal del Todo nos expulsa de nuestra burbuja con un estallido implosivo a nuestro interior. Se destruye la ilusión de lo otro externo para dejarnos con la visión más inimaginable: el encuentro incorpóreo atemporal con nosotros mismos.

# El segundo velo

## Un indicio de desprendimiento

*¿Quién es el alma y quién la gemela*
*en este estallido simultáneo de emoción interna?*

Tras escribir el correo aquella mañana de octubre de 2008, alcanzo un momento de paz y claridad. Es como soltar unos grilletes que no necesito en mi vida. No es una lucha contra nadie en concreto, sino contra las emociones que se atropellan por salir y encontrar fuera de mí lo que ha estado siempre dentro desde el principio como prueba fehaciente de que no me lo he inventado. Todo ha sucedido durante las tres últimas horas escuchando un CD sobre la batalla en el puente de Gandalf del *Señor de los Anillos.* Fue mientras me hacía un té y, estropajo en mano, pulía una olla como si fuera una capa de piel que necesitaba respirar más profunda y libremente.

Tres horas con interrupciones para anotar lo que va surgiendo del fondo del mar de mis pensamientos, restos de un naufragio que me proporciona claridad y me permito ahora compartir contigo. Los pensamientos hechos verbos, palabras, carne, que surgen de un cuerpo que se desprende de otra capa de vestiduras innecesarias para ser más genuino en su desnudez etérea y visionar sin espejismos.

Mis ojos parpadean ahora con más liviandad. Veo que vuelvo a ver con nitidez. Las leyes humanas son imperfectas y mezquinas. Nos nublan la visión de los seres divinos que somos. Se citan sin rodeos unas palabras atribuidas a Jesús que me detienen: «Todo aquel que deje a su familia para seguirme, verá a Dios».

Tras diez años en Canadá plagados de culpa, atada como un animal, sentí un impulso que se veía retenido por un saco cargado de objeciones, que se disfrazaban de miedos insostenibles que me paralizaban en mi camino. Las lágrimas lavan la visión y necesidad de claridad para entender que no se trata de una partida física, sino de cortar lazos de codependencia emocional. Las lágrimas alivian y realinean mi existencia de forma ilusoria aunque ordenada.

Gandalf desde el filo del acantilado decreta que el necromante no pasará. La maestría requiere la firmeza de decir no ante cualquier obstáculo que se interpone en nuestro camino evolutivo y crecimiento. El monstruo no es otra cosa que nuestros miedos y programas del pasado que impiden nuestros movimientos y paralizan nuestro libre albedrío. La verdadera pregunta es si nuestras relaciones tienen como punto de partida nuestras carencias o el reto de ser más grandes que nuestro cuerpo externo. Gandalf responde a esta dualidad destruyéndola en una frase magistral: «Si eliminas mi cuerpo, te convertirás en una mota de polvo y yo en huracán».

Otro velo se desprende de mis ojos como un pétalo liberado…

Como es arriba así es abajo, en la tierra como en el cielo cobra un significado que me libera.

*Arriba,*
*las ramas del manzano de un nuevo paraíso invocando a la lluvia.*
*Abajo,*
*mi cuerpo terrenal con húmedas raíces,*
*un alma que se sostiene en esta potente conexión.*

Un pecado para nada original, aunque tan profundo como ancestral, nos une y entrelaza mientras caminamos vírgenes, no tanto en cuerpo sino en divina inocencia por esta experiencia humana. Comimos la manzana del olvido para iniciarla y anestesiar nuestra esencia divina, pero sigue en nuestro interior lista para despertar y florecer en todo su esplendor.

*Encuentra tu camino hacia ella. ¡De ti tan solo depende!*

La semilla arropada en el corazón humano ha permanecido protegida hasta el momento adecuado. Ella sabe cuándo debe comenzar su ascenso hacia la superficie. Como en cualquier parto, se hace imprescindible hallar un lugar estable y seguro en lo posible para que esa semilla nos sorprenda con su presencia, expresión de vida en todo su potencial y belleza. Creí que iba a suceder en Cambridge los tres años que allí viví, pero me llevé un laberinto sin recorrer, juicios pendientes y una lanza de fuego clavada en la espalda a traición.

*«Sí, sí, claro que os ayudaré», nos dijo al principio tras un juicio para que firmara la aceptación de la beca que había conseguido para nuestra hija y poder salir de un país democrático a otro, entonces, aún parte de la misma Comunidad Europea.*

Toca nacerse hermanas. No es necesario ya disfrazar en siete moradas de un castillo hostil de gruesas doctrinas lo que nos ofrece la existencia. Se nos ha otorgado un don para despertar dentro del sueño en que vivimos sin atascarnos en sus pesadillas.

Se trata primero de imaginar la creación que anhelamos. Es posible, sin lugar a duda, en mi interior. Una vez activada la presencia y su presente, la posibilidad irrumpe en la vida como el sonido eléctrico del trueno. Se parten los cielos para reconocernos en todo nuestro esplendor, fuerza y fragilidad a la vez.

*Una fina lluvia se cristaliza en palabras y párrafos, charcos que reflejan el cielo en la tierra y líneas de escritura que se inscriben en sus surcos para labrarla, prepararla para su ofrenda de nuevos frutos.*

Nos despertamos por dentro, pero la mente humana necesita la ilusión del reflejo exterior. El otro refleja la sombras y luces, policromías que nos atraen como las polillas magnetizadas por la llama de una vela, El fuego nos consume sin remedio. A pesar de ello, nos invita a resurgir de nuestras propias cenizas como míticas aves fénix.

¡Qué ilusión más vana creer que los amantes más fogosos, prometedores del elixir que calmará y satisfará todas nuestras carencias, son el paraíso prometido!

En mi sueño, la realidad de salir de una situación de cárcel me devolvió al punto de partida. Como psique disidente me vi ante otro escenario para comenzar aparentemente de cero. Sin embargo, las pruebas a que Venus nos somete nos guían hasta hallar en nuestros corazones un eros irreconocible. Su principio no fue más que la llama que nos generó la fuerza para iniciarnos en el viaje. Cuando se realiza de nuevo este viaje, la llegada al mismo punto no es tal porque la espiral continúa, esta vez con la conciencia de que la llama que nos ha estado iluminando el camino la hemos llevado encendida en el Grial Sagrado de nuestro corazón. A medida que vamos llegando a este nuevo estado, nos damos la bienvenida los unos a las otras. En ese reconocimiento ya no existe dualidad pues el uno y la otra nacemos del cáliz que une los pétalos de una inmensa rosa cósmica, rosa que desprende chispas de embriagadoras fragancias.

# El cuarto velo

## Confesiones breves de una infiel

Un velo puede ser tan pesado como un yugo, aunque mucho menos evidente. El yugo es obvio, el velo se puede pegar tanto a la piel que nos olvidamos de que está ahí y nos desensibiliza del roce de los tiempos que me susurra:

*«La fidelidad por contrato, explícito o no, es una elección coaccionada». ¡Despierta!*

Un segundo de conciencia es todo lo que la salvación de mí misma requiere. El siguiente instante es lo más parecido a ese amor que por inexperto cree que puede con todo, el que mueve montañas, quema y nos lanza a un momento cuántico de sincronicidades encadenadas. Pura magia que no entiende de fidelidades temporales sino de una constante que es el cambio y la evolución hacia la unión con nuestra esencia más desconocida, nuestra divinidad inherente.

Las líneas de nuestras vidas tienen raíces profundas para aquellos que se atrevan a indagar y hundir sus manos en ellas. Es cuando empezamos el camino del despertar, cuando el proceso que rompe las aguas de la ilusión de nuestras historias se muestra en su transparencia. Los velos de la decepción y el engaño se desprenden y repelen como si de polos opuestos se trataran. Cabe acurrucarse en la calma, aunque sea la que reina en el ojo de un huracán, para ser testigos de este nacimiento tan espectacular como único.

# El quinto velo

## Arropada por la brisa efímera de la mar

El olor a algas marinas envuelve mis manos y cuerpo con una capa de humedad que me arropa mientras la danza de las olas se despliega y me regala su armoniosa coreografía a la orilla de la playa.

En el horizonte, las finas astas y lienzos de los veleros se deslizan como plumas escribiendo sobre la línea horizonte de un tiempo por llegar. El sonido se acurruca entre la playa y las rocas y me produce una suave y cálida somnolencia. Unas ligeras pinceladas de nubes grisáceas cubren el cielo con un velo de promesas. ¿Cuál de ellas se revelará en la última palabra hecha carne?

En el principio fue el silencio y la profundidad del vacío sobre el cual el primer pensamiento se atrevió a irrumpir con una resonancia cargada de conciencia por nacerse en sonidos, palabras hasta entonces no escuchadas. Una cascada de estrellas descendió en un vacío de oscuridad azabache dejando tras ellas una estela de destellos que fue cayendo libremente hasta llegar a un nuevo despertar. Entre ellas, una desvió su curso para trazar su propia historia delineando así un estallido de espontánea grandiosidad y posibilidades.

Así es que la historia se halla creada de principio a fin, entre la luz y la oscuridad de nuestra imaginación. Está velada como una mirada que robamos de reojo para deleitarnos y nos ofrece un atisbo de lo que entraña para provocar nuestra curiosidad. Una vez sucumbimos a su seducción, nos dejamos caer sobre sus sábanas sedosas dispuestos a recibir regalos sin condición.

En la mesilla descansa una copa llena. En el primer sorbo, el velo se desliza ligeramente por un hombro jugando con la brisa que, al entrar sigilosa por la ventana, lo transforma en olas paralelas de fragancias marinas. El regalo es un códice sagrado a los pies del lector… si te seduce, sigue deslizando la vista por el cuerpo que las líneas describen a continuación:

Hacia abajo,
        limpias,
                fluyen
las palabras.

Danzan
el descenso
        de las notas,
cadencias musicales
            en suspensión.

Garabatos de besos
            suaves
nos esculpen,
gravando el alma
a fuego
sobre esta nívea superficie
y su espejo: tú.

# Re-velación n. 6

## Los últimos velos se retiran con respeto

Tu ocaso y mi alborada no respetan la línea del tiempo estos días, forman parte de este mismo continuo. Solo las separa del otro lado del espejo el marco que nos define. Estos días estamos despiertos a la vez, separados tan sólo por un océano, otro espejismo para este nacer y constante devenir en un escenario sin muerte definitiva.

No es niño ni niña el género de este alumbramiento sino Diana y Apolo, gemelos simbólicos de la luz de la luna y del sol. La complementariedad del día y de la noche galácticas. No nos perdamos en dualidades. Dirijamos la mirada hacia dentro para sentir la vida que se pauta con el sonido de los latidos del corazón. Estos van marcando el compás de activación de la conciencia. Nada cambia a menos que se activen los códices secretos de nuestro rico *hibridizado* ADN en la secuencia correspondiente.

La vida es sorprendentemente mágica, caprichosa, divina, sin agenda estricta. La aleatoriedad es su juego favorito y nosotras, como almas jugadoras invitadas de excepción, debemos aprender sobre la marcha las señales de cambio que nos salen al encuentro con mayor o menor sutileza. La alquimia se prepara y activa como un parto, una reacción en cadena imparable. Las palabras humanas se quedan cortas para describir ambos acontecimientos. Rayos y truenos internos nos indican una muerte inminente cuyo fruto, sin embargo, no es otro que la nueva percepción de quienes somos: seres ancestrales y recién nacidos a la vez.

*¿Cómo se gestiona una sensación tan extraordinaria?*

Desplegamos las alas con la fe de que en el momento indicado nos elevarán del hastío de habernos estado arrastrando por el suelo presas de una maldición que ningún gusano ni serpiente se merecen. Las mariposas, las serpientes emplumadas y dragones alados, aliados y disfrazados, son nuestros hermanos desde otros tiempos. Ellos reciben con llamaradas de fuegos artificiales a aquellos que nos atrevemos a mirar. Los ángeles disfrazados guardan los pasajes a otras conciencias una vez descubrimos que el mayor impedimento es nuestro miedo. Finalmente nos vemos en todo nuestro esplendor y nos reconocemos como uno más de ellos.

No son velos sino vendas lo que cubre nuestra existencia terrenal. Ella se revela momificada en el destiempo, espera una voz interior que da la orden, Nosotros, cual lázaros, respondemos, nos despertamos e iniciamos nuestro nuevo caminar con ojos aniñados. Con mayor o menor destreza nos autoiniciamos o reiniciamos con un fervor irreconocible, pues la versión obsoleta de quienes éramos se evapora y despeja el camino…

En descenso,
bailan,
      se deslizan
          nuestras líneas,
garabatos que se cruzan.

Un lento cosquilleo
acaricia esta piel
        como partida.

# Tránsito del séptimo velo

La última danza,
luz y oscuridad,
queda por caer el séptimo velo.
Yo, el velo,
tirito de miedo y anticipación,
soledad.
Delicado el bailar con la última sombra,
se desprenden
llamaradas temblorosas
aun siendo gemelas.
Abrazar, integrar la totalidad
… te necesito en la carne
para esta última composición…
cuando sea el momento, lo sabremos
y amaré tu sombra
hasta convertirla en luz.
Diosas y dioses atemporales
luz de estrellas fugaces y arcoíris
resbalan por los filamentos de mis cabellos,
trazan el camino,
lentitud,
firmeza.
El encuentro de profundos misterios sostiene
la unidad inseparable.

# Tránsito del séptimo velo

The last dance
between shadow
and
light
I consider dropping the seventh veil.
Yet
I, my veil, shake with fear and anticipation.
Alone,
tricky to dance with one's last shadow,
every flame even if Twin
has a flickering shadow.
I need to be embraced and integrate to be whole.
… I need you full flesh
for this last dance…
whenever is the right time, we'll know
… I love
your shadow into light being.
Gods and Goddesses beyond time,
with light of stars and rainbows,
streaming
down my hair,
guide my way,
slowly,
firmly.
The deep mystery ahead,
holds our unity irresistibly together.

# El séptimo velo

## Entre mi crepúsculo y la mañana

El duelo es tan solo una ligera intención de transición pues no hay finales sino comienzos en gestación al final de mi horizonte. Tal vez las visiones desconcertantes son historias de la semilla del Todo que se gestan en este mismo instante y germinan con cada amenaza de diluvio universal. Queda una pausa muy fina para este séptimo velo.

Érase una vez, o dos, ya las líneas del tiempo se confunden… esa vez cayó una lluvia incesante del rostro de los cielos que eran los ojos de este lado de nuestro universo cuando, de repente, el ápice de un diminuto tallo brotó del corazón de la tierra para no perderse el espectáculo. La mirada entre ambos causó un flechazo de tal magnitud que ya nada pudo frenar el impulso de la creación.

No hubo descanso ni pausa el séptimo día en ese universo que surgió en todo su derecho y espontaneidad. La vida en nuestro planeta no se rige por permisos. Se acata con humildad y honor de ser una vía de expresión, un conducto por el cual la divinidad escoge contarnos sus historias. Nosotras, cuales pétalos, tan solo nos abrimos como el libro de esta hermandad humana para compartir los mensajes que aparecen de entre nuestras hojas y favorecer así la propagación de sus sorprendentes y singulares fragancias.

El pétalo, cuyo espectro ya se adivina, va cayendo con la pregunta: ¿cuál es tu historia, gloria de la mañana? El eco suena tan armonioso que el tallo se sorprende desbordado de hojas salpicadas de rocío de la mañana. Las gotas que siguen su curso natural regalan su agua a la tierra que le ofrece esa vida sin condiciones.

Nadie lo sospechaba. La hoja etérea estaba presente a la espera del momento clave para mostrarse en todo su brillo y verde esplendor. Sucedió un día en el cual un recién nacido fijó su atención en ese lugar. Es esencial que alguien observe para ser testigo del instante en el cual la semilla intuye esa expectativa y se abre sin condición para dejar que el fruto de su vientre inicie el ascenso hacia la luz de la superficie. Entonces nuestra visión le da la bienvenida a la vida y a su nueva etapa de crecimiento y evolución.

Cuando comprendemos que nuestro corazón es el Grial que contiene nuestro espíritu sagrado, nos entregamos a la alquimia que transforma y limpia cada célula de nuestro ser.

Cada uno y cada una de nosotras somos las únicas que podemos generar el respeto, la coherencia y confianza en nuestra capacidad de *autogestar* en el templo de nuestro cuerpo aquello que necesita para su subsistencia y evolución. En el templo de cada cuerpo se *alquimizan* la autoestima, el perdón a uno mismo y la aceptación. Conjurados los elementos, la integración de las energías masculinas y femeninas se reconcilian realizando una danza hipnotizante. La activación de nuestros canales cósmicos se prepara para la llegada de la inspiración y las conexiones con la divinidad que nos es innata. *¡Inspira!*

# Finale: fragancia de la rendición

Sombra:    Hemos navegado la misma ola,
           una, nuestra ola…
           en la oscuridad, acechan sombras,
           lanzo flechas afiladas al otro lado del océano,
           te atraviesan,
           yo sangro.

Luz:       Desciendo por tu párpado,
           me deslizo,
           mi alma resbala
           como gota de rocío fresco de manantial,
           suave,
           una rosa tricolor,
           cristalina, blanca, roja,
           gotea lenta
           por el rizo de tu pestaña,
           se acurruca en su abrazo,
           espera la caída final.

Sombra:    Ya no soy
           la luz brillante que salpica
           tu sonrisa, sana las heridas,
           aclara mi penumbra,
           señala nuevos amaneceres.

Luz:       He abrazado la oscuridad de tus pupilas,
           caído en picado sobre tus oscuridades

al rescate de la chispa que escondí
mientras dormías profundamente.

Yo, Perséfone perdida en un inframundo,
la tierra partida bajo mis pies
lanzó el reclamo de Hades.

Antes del último parpadeo
te devuelvo la nueva visión:
un arroyo infinito de luz eterna.

# La fragancia de la rendición

## Danza de la última sombra y Finale

Shadow:  We've sailed the same wave,
our wave…
in the darkness of hunting desires
I throw sharp arrows across the ocean.
You are pierced
and I bleed.

Light:  I slide down your right eyelid,
your eyelid I slide,
I slip my self,
like a drop of dew
fresh from the morning spring.
Soft, a three colour rose
crystal and white
trickles
slow
down your eyelashes.
Their curly embrace
awaits this inevitable fall.

Shadow:  I am not anymore.
The splash of bright light
in your smile heals the wounds,
clears my dusk into new dawns.
Light: I have embraced the darkness in your pupils,

climbed into your dark depths to dig back
the spark I hid inside of you while fast asleep.
I, a Persephone lost in an underworld,
the earth cracked open under my feet,
flying like a butterfly fairy
just before the last blink,
I bring you back a new vision:
an infinite stream of everlasting light.

# Epílogo: La Favela

*En homenaje a todos los que sobreviven en campos*
*de concentración de refugiados a la espera de que los demás*
*despertemos de la pesadilla de Occidente*

El *menino da rúa,* con una sonrisa amplia que atraviesa los churretes de su cara morena, se acerca a mí con un cucurucho de cacahuetes recién tostados envueltos en un trozo de papel de periódico. Me coge tan por sorpresa su genuino encanto que no da tiempo a que el miedo entre en nuestra burbuja de complicidad. Se lo compro y al preguntarle que iba a hacer con lo que para mi contexto eran unos céntimos para chuches. Su mirada de emoción me rasga y electrifica, transmuta mi ignorancia en la ciencia que el niño expresa en sus palabras: son para comprar leche, pan y arroz. La alquimia es instantánea.

Mis ojos, como en un acto reflejo, transmutan el metal pesado de mis pensamientos en líquido diamantino que exhalo a través de mis ojos.

# LIBRO III

# LA CRIBA

Sueños encriptados en un collar de diamantes
y perlas salvajes

# I

# Sueños encriptados en un collar de diamantes y perlas salvajes

Otro principio…

La historia se configura más allá de mi voluntad y consciente decisión. Mi estructura vital se crea, expresa y se expresa a través de mí y también yo soy testigo, desde un corazón aún sin forma, de sentimientos, emociones e intensa inercia a la existencia. No hay lugar para la duda en esta danza magnética que se representa dentro y fuera de mi ser.

¿Quién soy? ¿Qué hago aquí en esta conciencia que pregunta, se pregunta y a la vez se responde entre vergeles de voces y células en constante adolecer, transformación y ebullición? La respuesta está en la historia que se confecciona al son que la crea. Al aparecer en la línea me leo. Me reconozco por primera vez en mi más profunda esencia.

Mis brazos y mis dedos, filamentos de corriente, ondeaban con alivio y emoción; letras, palabras, silencios y frases que se encuentran y se dan la bienvenida como si se tratara de una amistad lejana que no hemos visto en mucho tiempo.

Tres días de intenso desasosiego, no logro identificar los dolores de un parto inminente hasta que empiezo a pulsar las teclas celestiales de una nueva constelación y siento el alivio en mi respiración. Es como si fluyera por mis dedos el aliento de un pulmón vital que arrastra el aire generado en un corazón externo, un bombeo dirigido de forma directa hacia mis extremidades superiores, estrellas fugaces que destensan y languidecen mi postura.

Un recuerdo del *Relato del pájaro* de Avicena (s. X-XI) aparece en mi pantalla mental. Me expresa en palabras pues en él se narra la llegada de unos pájaros a lo que ellos interpretan como el paraíso. Un paraíso que se halla en un paraje muy lejano y a una altura a la cual no todos logran llegar. Muchos se quedan por el camino y, entre los que alcanzan la cima, algunos se congratulan por el logro mientras que un número ya mucho más reducido no se complace con permanecer en ese espacio demasiado bello e ideal. Al cabo de un tiempo, tras recobrar las fuerzas, estos últimos sienten la urgente necesidad de seguir explorando otros territorios cuyo horizonte es imprevisible, pero el misterio les atrae con un magnetismo irresistible.

Cada vez que concluyo un relato me siento como si hubiera alcanzado otro pequeño paraíso, un paraíso personal de satisfacción por haber aportado otra pepita de oro. Un aliciente metafórico para los que se aventuren a realizar cribas y descubrir los tesoros que albergan dentro de sí mismos. Mas mi sosiego tiene su fecha de caducidad al igual que para los pájaros del relato porque, para un alma inquieta, el horizonte solo existe en un presente infinito…

El universo, ese espejo que me devuelve la mirada interior que proyecto, se hace sentir. Miro a través de ella como si de un espejismo se tratara y me veo atravesando un velo que se hace cada vez más trasparente hasta que finalmente me refleja mi esencia inmaterial y me ciega. El mensaje es la energía en movimiento. La traduzco como mejor sé, pero lo que tu extraigas a través de tu visión será fruto de un entramado de hilos comunes que se encuentran, reconocen y unen para componer una versión de la propia historia, más pulida, más profunda y vulnerable, más tuya y nuestra a la vez.

Todo vuelve a la fuente originaria. Lo que tú crees vuelve a ti aun cuando sufras de un brote de amnesia multidimensional. Al final del trayecto, se disuelven los bordes, nuestros hemisferios se comunican y todo nos inunda e inundamos el Todo. Ya no hay ni arriba ni abajo, ni dentro ni fuera, ni centro ni periferia, sino un mar cálido de bienestar y coherencia. No te distraigas, pues solo aquellas almas que mantengan la visión podrán fundirse en esa energía luz y sostener el otro presente, el presente infinito: la nueva expresión de la vida.

Toda esta etapa comenzó en un presente continuo, o eso creí en aquel momento. Un presente que me mantiene anclada constantemente, de ahí que le haya acompañado de un aspecto continuo sin verbo que fuera en el principio. Es un presente que me magnetiza, que tiene como aliadas la energía del amor y una gratificación recíproca e inmediata. Es una condición que se alimenta de la atemporalidad por lo cual me tiene sin guion y me arrastra a practicar una libertad e improvisación a las que no estoy acostumbrada.

La sensación de continuo se agudiza a medida que observo las noticias y los sucesos que nos presentan. Es como si el tiempo no pasara. Las mismas caras, o rostros parecidos; dinámicas obsoletas y repetitivas que me producen una sensación de siniestra atemporalidad. Una programación perfecta en el entramado de una matriz que se deshilacha y pulveriza. No hay culpables concretos en esta madeja de cruzadas cuánticas.

¿Y cómo manifestar esta sensación de destiempo infinito que parece contraerse e implosionar? ¿Cómo se saltan las barreras que nos separan de conexiones que son ya claramente extra-dimensionales entre unas generaciones que nos llaman a salir de

una zona de confort en ruinas que se desmorona -afortunada-
mente- por piedad?

Cosas que apuntalan este continuum de vida: la mañana
siempre ahí fiel al amanecer que le marca la secuencia que a su
vez le marcó la noche con su crepúsculo. No hay parte de este
divino universo en la que no podamos contar con la lealtad de
la luz, también la de sus zonas opacas y menos claras e incluso
de tonalidades negro azabache. Hay en esa fidelidad un hilo de
coherencia que los humanos no parecemos identificar en nuestro
espejo interior humeante. El vaho que provoca la falta de aire
fresco en nuestra mirada se hace sofocante, ya va más allá de lo
humanamente permisible. Es en ese momento tan crítico que las
*es* y las *equis* con majestuosa dignidad y consciente ignorancia se
echan a la calle a remover las instituciones cómodamente senta-
das en sus reales palacios, academias, cúpulas del lujo y hastío.

Hay vida en las calles de estos versos múltiples que me acechan
sin cesar. Que no se le olvide a nadie que hay vida entre los es-
combros de las imágenes de desolación con que minan nuestros
sueños los bufones de un poder que ha hecho aguas y aun no
se ha percatado. En Chernóbil la naturaleza ya hace tiempo ha
tomado posesión de las ruinas que dejó el ser humano. Sin resen-
timiento, ella ha hecho su trabajo innato que consiste en abrazar
con sus verdes ropajes los restos de destrucción. El verdor cubre
con cariño los edificios, se entrelaza con ramas amorosas por las
ventanas que se asemejan a expresiones en rostros aterrados con
los ojos desorbitados por el testimonio que encarnan. Las hojas
frondosas se adhieren al cemento con naturalidad y conciencia.
Como si fueran una cataplasma, se sobreponen ellas airosas sobre
las frías superficies para sanar incondicionalmente las heridas del
lugar, invitando a la vida a que regrese con el alma renovada. Esa
destrucción ha dado nacimiento a un paraíso, otro canto natural
en el maravilloso ciclo de la vida.

Llevamos corazas invisibles para protegernos contra el amor que tan vulnerables nos hace. Corazones en carne viva gritan en su interior, pero su llanto se agota sin llegar a hacerse eco. Hace falta mucho roce y cariño para desgastar las barreras invisibles que nos separan y ahogan en una soledad acompañada y, sin embargo, apenas compartida.

# II

# La metamorfosis de las almas

Comparto como el gusano de seda comparte desde sus entrañas su esencia ancestral. Cada hilo es una línea de información encriptada en el ADN del destiempo. Fiel a la cita elaboro una madeja de finas hebras que protegen el más increíblemente bello y multicolor milagro. Para surcar los firmamentos lejanos me he arrastrado por la tierra, recogiendo el alimento de sus minerales vivos, integrándolos y extrayendo liviandad de su pesadez; la alquimia necesaria para alumbrarme en un estallido de colores, fuegos naturales en alas de mariposas. Surco los cielos de un mar que me refleja y arropa en sus líquidas nubes.

Uno de los mitos más solicitados de todos los tiempos viene a mi mente. Psique, el significado de cuyo nombre lleva encriptado un doble sentido complementario y magnético en su deseo de fundirse en abrazo. Por un lado, el alma, por el otro, una mariposa. Proceso y metamorfosis de lo terrenal a lo divino que representan las alas en numerosos símbolos, sean ángeles o águilas, cóndores o cuerpos ya sin necesidad de ellas para emprender el vuelo en sus viajes.

Los mitos de todas las culturas ancestrales se adentran en el inframundo y, sin embargo, el humano preso de la ilusión de la dualidad no logra atravesar la coraza sofocante de su propio corazón.

La carta número ocho de Rilke me advierte del peligro de olvidarme de los mitos que habitan en el umbral de la humanidad. Mitos de dragones que en el último instante se transforman en princesas. Tal vez, apunta el joven poeta en sus cartas, todos los dragones en nuestras vidas son realmente príncipes y princesas a la espera de ser vistos, aunque sea una vez tan solo, para demostrarnos que podemos actuar como seres hermosos y valientes.

Reconozco mis inframundos personales, herencia de un subconsciente colectivo y otro personal para que, al verme realmente en toda mi vulnerabilidad, de la conmoción se rasguen las corazas con las que camino sin percibirlas. Se han adherido a mi cuerpo como si una capa más de piel se tratara. Las heridas no son un privilegio, pero al mirarlas y sentirlas desde este nuevo amanecer, agradezco su presencia por acompañarme en este proceso que es tan mío como suyo pues son la expresión de nuestras batallas de amor por la vida.

Mis *Kalidoskopios de mujer* fueron la herida abierta multicolor que reuní de mis pasados invocando a los mitos de mujeres fuertes de todos los tiempos para compartir mis medallas, heridas cristalizadas. Me miré al espejo porque la vida me hizo un jaque mate que congeló mi espíritu y rasgó mi coraza sin posibilidad inmediata de recomposición. Ahora respiro con más facilidad y percibo con mayor claridad, pero el roce del aire me estorba como la ropa a un bebé recién nacido. Los mensajes suicidas de las nuevas generaciones se están expresando. El hambre ya no se limita a países expoliados por otros más ignorantes. Se trata de la anorexia y las bulimias que sufren las almas lo que está en evidencia y hay que crear alimentos para su rescate y recuperación inmediata.

La visión cósmica me urge a activar el viaje a mis inframundos personales no para aniquilar las sombras, sino para invitarlas a que descubran su rostro velado. Como en el mito de la caverna de Platón, trato de ver todo el montaje que llevo representando en un teatro de constelaciones más o menos familiares. Se me olvida que somos espectadores y actores que podemos mejorar el texto holograma y a modo de Pirandello, con sus *Seis personajes en busca de un autor*, podemos salirnos de la obra e incluso de la sala del teatro para volar tan alto como las aves del relato visionario del pájaro del místico sufí Avicena.

El mito del viaje se repite una y otra vez. La odisea, búsqueda de un nuevo Grial Sagrado, un viaje que comienza, pero no concluye en nuestra propia humanidad. Un viaje que implica desafiar y mirar desde nuevos ángulos de conciencia el legado de los acuerdos y sistemas de creencias que hemos heredado y soltarlos para crear otros con pedazos de nuestra piel y ADN reciclado.

Las cosmovisiones que heredamos son un punto de partida y, como sucede en el relato visionario de Avicena, cada ser, según su capacidad, deberá discernir desde qué ángulo percibir, crear y continuar su viaje de vida.

# III

# ¿Perla o diamante? (1997 – feb. 1998)

En mi holograma conjuro la historia de Chuang Tzu y su reflexión sobre el sueño y la vigilia. Después de una noche, un discípulo lo halla sentado triste al borde de su cama, en contra de su usual naturaleza jovial. Su estado es debido al sueño que ha tenido. Había soñado que era una mariposa, pero lo que le preocupaba era la idea que había brotado de su corazón: si en su sueño él podía convertirse en una mariposa, ¿por qué una mariposa en el suyo no podría convertirse en Chuang Tzu? En ese momento, ¿quién estaba despierto y quién dormía, ¿Chuang Tzu o la mariposa? En otras palabras, ¿era Chuang Tzu un hombre que en sueños creía ser una mariposa, o era una mariposa que vivía soñando ser Chuang Tzu?

*La palabra manifiesta mundos y nosotros palabras. ¿Soy yo o es mi vida acaso un poema, una línea tendida de palabras? Y, de ser así, ¿quién está escribiéndome?*

A esa fuente de creación cuya obra yo sea, que me infunde con los rayos de inspiración que alimentan todos mis cuerpos y mi piel, le pido que me escriba con cariño, con el corazón limpio, con el alma despierta. Le pido que me idee y fantasee con la imaginación de un niño, que me pula con suavidad y no se olvide de repasar un poco los bordes, pero solo un poco, para que no sean demasiado cortantes. Sobre todo, que no intente perfeccionarme a su imagen y semejanza porque, para poder sobrevivir en esta humanidad que he escogido experimentar, a menudo, me hace falta abrirme paso y protegerme con contornos afilados y de pocos amigos. Hay que poder ahuyentar a los depredadores de sueños e ilusiones, el peor de todos: nosotros mismos disfrazados de otredad.

# IV

# Psiques disidentes

L a hermosa mortal que increpó a Afrodita cuando su hijo Eros, tal vez irremediablemente, la escogió como amante a cambio de vivir su relación en la sombra. Hay sentimientos que de salir a la luz causan mucho destrozo e incertidumbre a su alrededor.

> *Floto atada a mi cuerpo. Un hilo de cabellos me sostiene. Contacto, con tacto mis sentidos se desvanecen, se desprenden de mi mirada debilitada. Rayos de luz blanquecina de invierno forman una cascada de dolor que me desborda y estalla contra el suelo como un cristal delicado hecho añicos.* (26-1-91)

A duermevela: se ha deslizado la noche, la mañana parpadea somnolienta el último regalo de un sueño. ¿Qué joya expresaría algo así?

*Tu ausencia en mi presencia* es la respuesta más coherente que recibo por el rabillo de mi ojo humano. Una respuesta agridulce retira la venda de mis ojos que creían ver claramente el mundo cuando en realidad lo hacía a través de una visión velada. Las sombras que con tantos miedos y dudas me habían arropado sueltan de un plumazo su manto polvoriento y las células de todo mi cuerpo respiran con dificultad el polvo que el pasado había guardado con sigilo. Todos aquellos años acostumbrada a micro gestionar pequeños sorbos de aire viciado sin saberlo, sin a atreverme a henchir mis pulmones como si el aire perteneciera a un mundo prohibido para mí.

Y así fue como creé mi colonia de psiques disidentes, fragmentos que Isis esparció para protegerme de un Todo devastador que arrollaba todo resquicio de vida en movimiento. Cada fragmento se situó en el enclave sagrado y secreto de un corazón anestesiado para sobrevivir el largo invierno que se acercaba. Ese espacio sagrado se cubrió con un manto mágico de letras y símbolos de encantamiento para la invisibilidad. Cada símbolo guardó y selló un fragmento en varias dimensiones paralelas que se hallaban unidas por la frecuencia de la verdad y la compasión que el guardián amor alimentaba.

Han pasado tiempos infinitos hasta que una nueva composición ha descendido con una musicalidad irreconocible para ser humano material, pero no así un espacio sagrado y secreto. Como si de un sueño lúcido se tratara, nos vemos ante una situación de células celestiales que nos conectan a nuestra familia interestelar y que, de no ser activadas progresivamente disolviendo los caparazones que las han protegido, podrían ser destruidas por el sinsentido de una orden de destrucción contra todo aquello que no identificamos a nuestra imagen y semejanza.

La programación de destruir y luego preguntar es el virus al que se enfrentan las almas disidentes. Solo disfrazadas de enemigos se puede proteger el alumbramiento de esa parte adormecida que bosteza ya. Una mariposa lista para ver la luz al otro lado del sueño y sobrevivir lo suficiente para sembrar con su semilla delicada los multiversos que atrapan la conciencia sintiente de nuestra realidad.

Soy un alma infiltrada en un holograma que desmiento con mi conciencia unitaria. La dualidad no me asusta pues es mi espejo y en él acepto y abrazo todas esas imágenes por mí proyectadas hasta este despertar dentro del despertar. Ya está todo en su lugar para que la nueva realidad se haga manifiesta y demuestre que ya hemos llegado. Mas recordemos que el verdadero despertar es creer lo que vemos en el interior de nuestros corazones y sostener esa tenue vibración que nos alimenta más allá de la anorexia aparente que nuestros cuerpos deslucidos nos muestran en una casa de espejos rotos y distorsionantes. Solo hay que salir a respirar aire fresco para sacudir esas visiones programadas de nuestros registros de metaversos de desecho. Los nuevos registros han estado operativos desde hace un tiempo infinito y paralelo. Toca abrir los puentes y el circuito se iluminará y conectará con las luces sonoras de un circuito multisinfónico…

Otro sistema de creencias, esta vez de dimensiones cuánticas, entra en mis radares y se despliega un nuevo y complejo holograma a través del cual procesar y resetear la información válida. La que haya quedado obsoleta se desecha a otra línea de tiempo que dejo de alimentar. Al escribir siento que cumplo una parte del plan por el cual alguien o algo inteligente me ha proyectado aquí en primer lugar. Si ha sido mi alma en conexión con la unida al Todo o inteligencia suprema, tal vez sea para pulir un canto de esencia divina. Me aplico pues me deprime verme tan tosca e inacabada.

# V

# Mi vida fuera del rebaño

Todas éramos ovejas grises, negras o cualquier tonalidad descolorida del espectro. Algunas estábamos de camuflaje y nos confundíamos con el paisaje para poder balar a gusto y celebrar encuentros clandestinos con la resistencia: grillos, cuervos y ángeles caídos de aburrimiento por ser testigos de una humanidad sumida en un mar de bucles encadenados. A los santos del calendario ya los habían rescatado unos *pleyadianos* compasivos que volaban con sus naves porque se lanzaban al vacío desde los ventanales de los calendarios sin esperar a que llegara su día señalado. Era tristísimo pasar 364 días sin ser vistos y de pronto en un solo día todo el mundo cristiano los invocaba a multiplicarse en los hogares correspondientes.

Los más avanzados sabios habían proclamado que la humanidad se había salvado ya y ahora estábamos aquí como recogiendo los trastos y recordando a los rezagados que aceleraran ya el camino de regreso a casa. Sin embargo, la niebla era absoluta y hasta los sabios terminaban por contagiarse de una amnesia soporífera y se dormían sin logar despertar, por lo cual tenían que ser rescatados a su vez por los escuadrones de emergencia.

Estaba pues el universo lleno de sueños estancados sin resolución y sin lucidez. Todos intentaban aprender a despertarse de la pesadilla o sueño en el que estaban sumidas sus vidas. Muchos nos apuntamos a cursos de sueños lúcidos y en la fascinación del descubrimiento nos quedábamos como bajo un hechizo o encantamiento y tampoco salíamos hasta que de nuevo de las dimensiones superiores se bilocaban pelotones con bengalas de fuegos artificiales para sacarnos de la hipnosis temporal. A base de chispas teledirigidas nos inoculaban con un anhelo infinito de fundirnos a la fuente madre originaria en el instante en que nos deslumbraban las chispas.

Una estela de luz nos alimentaba la conciencia que, expandida irremediablemente, se ha extendido hasta que hemos olvidado que nuestra sensación de unidad no es más que ya la última ilusión antes de la fusión definitiva. Tras esta ya no cabrán más preguntas ni respuestas, pues la dualidad las habrá transformado en una única y misma esencia.

¡Aquí un séptimo día eterno se hace imprescindible hasta para la divinidad más elevada!

# VI

# Las aristas del diamante

Un prisma de luz que destellea mis fragmentos, Isis reuniendo los pedazos de Osiris para reconstruir la historia tras la explosión del Big Bang personal al que todos hemos sido sometidos. Para poder experimentar la unidad, la dualidad y todas las fases fluctuantes intermedias hasta la integración y fusión, nos hemos hecho añicos celulares y, esparcidos por la existencia, vamos recogiendo los trocitos que atraemos hacia un centro desde el cual operamos.

La sala de los espejos nos ofrece un punto de partida y múltiples de regreso, pero no expresa como las múltiples aristas de un diamante. Cada amante o amor han sido una chispa de atención hacia nuestro propio centro. Con cada movimiento el prisma que ofrece un diamante en movimiento nos refleja un arcoíris de colores que hemos negado, pues no es parte de la programación en blanco y negro que nos envuelve. La codependencia hay que borrarla urgentemente antes de que todos nuestros circuitos se vean afectados por este virus cultivado cuidadosamente por una humanidad con la visión velada.

El Sutra más divino de las enseñanzas budistas lleva el nombre del diamante ya que, cuando la luz se rompe en uno de sus múltiples rostros, nos devuelve fractales de posibilidades. La capacidad de un corazón de diamante en un ser humano en vías de evolución es algo que se podría imaginar. Algo complejo y sencillo a la vez, con múltiples facetas y colores que brillan según infiere la luz.

Por inventar ilusiones en un marco de este mundo que ha perdido la tinta de tanto hacer copias de sí mismo a partir de un patrón obsoleto y deslucido, me invento una sensación de manantial limpio y de sonido pulcro y chispeante. La mente es tan poderosa que la manifestación interior es instantánea. No es necesario todo un montaje técnico exterior de metaversos tan reales como queramos darles valor pero que en sí no lo tienen.

Para este instante creo un paraíso con unas condiciones de armonía in crescendo. Empiezo por los pies que deben sostenerme sin tener que estar sujetos a moldes paralizantes de estrecheces o alturas de vértigo pues, si pierdo el equilibrio, me voy al traste. Ello conllevaría un paraíso por los suelos. La base es la suela de mis pies que sienten la humedad de la tierra y la huelen. La inspiración activa todo mi sistema endocrino que como un árbol de navidad se enciende e irradia luces de colores a todos los rincones de mi cuerpo y campo electromagnético.

Tal vez se inventen otros mundos paralelos en los cuales se pueda crear otra realidad, aunque hoy yo escojo la mía en este espacio tiempo único y personal de armonía infinita, pues ni el tiempo tiene cabida en mi mundo *imaginal* fuera del rebaño.

Ahora un cambio de frecuencia me manda salir a pasear a Merlín en este increíblemente cálido día de Noche Buena en Barcelona. Hora y media lineal después o hace nada aquí todo sigue como si hubiera sucedido entre paréntesis. La memoria me dice que ha sucedido fuera, pero está registrado todo dentro con mayor o menor detalle.

# VII

# El presente infinito

Para olvidar lo que vimos la última vez que nos miramos en un espejo tembloroso cabe recordar que nada es eterno y todo está sujeto a constantes cambios. Solo la mínima memoria enhebra la aguja que va dando puntadas en una realidad que se manifiesta y desmanifiesta a la vez. Cosiendo y descosiendo nuestra vida como Penélopes atemporales, nos afianzamos en un eje para alimentarnos del último recuerdo embastado de nuestra vida. Verter la mirada hacia atrás para recuperar un recuerdo perdido es una condena órfica. *No tengo guión para esta obra,* me dije cuando se dio la primera oportunidad de expresarme ante lo obvio. ¿Qué era lo obvio? Una atracción sutil hacia el sentimiento de sentirme vista y alimentada por una profunda necesidad humana básica que consiste en compartirse. Proyectar nuestra esencia en el otro para que, a modo de espejo piadoso, nos recuerde que estamos vivos es un mecanismo humano de supervivencia. Con ilusión por lo desconocido me lancé a la aventura. La sorpresa y las náuseas que llevamos enterradas bajo capas de células desgastadas por tanta reprogramación me devuelven imágenes distorsionadas y trémulas como las que encontramos en una casa de los espejos.

Lo que deseo compartir más que otra cosa es cuando la ilusión me salió al encuentro por sorpresa y me hizo desear, más que nunca, estar en el presente. Un presente continuo de vibración emocionante que sentía en el corazón y en mi estómago como si tuviera mariposas revoloteando y haciéndome unas cosquillas suaves y persistentes que no podía ignorar. Finalmente, se concentraban en mí todas las teorías que numerosas corrientes espirituales y filosofías orientales expresaban con sensibilidad y cariño, aunque sin la poesía que ese gusanillo inquieto puede provocarnos dentro de nuestro ser cuando se cuela sin previo aviso. Ahí es que conecté con mi presente continuo y lo convertí en mi presente infinito por todo el tiempo que duró esa experiencia atemporal que se manifiesta aquí mediante el recuerdo.

Es posible experimentar la atemporalidad en un instante prolongado. El mismo instante se hace y abraza al destiempo. Cuando la expresión de algunos momentos se instala en nuestra base de datos solo hay que concentrarse e ir a buscarlos y proyectarlos en nuestra mente para empezar a ver, sentir, oler, saborear e incluso tocar. Al tocar nos toca el recuerdo y nos transporta y, pase lo que pase, tras ese momento ya nuestra sensación se ha visto alterada y nos ha transportado a otro presente que es continuo y puede llegar a ser infinito a su vez. Presente a presente, la vida fluctúa y navega por nuestra conciencia corpórea y energético-espiritual.

*Existimos en la línea que marca lo infinito, en constante cambio entre la materia sólida, la liquidez y la etereidad...*

# VIII

# Los silencios nos hablan

El mundo está dormido y los minutos gotean por las paredes de la habitación. Me dan conversación y me distraen. Se han presentado de pronto con los primeros minutos de la mañana y han calado en la pared. La telaraña del techo ha atrapado un par de ellos y de pronto me he sentido perdida.

La angustia del silencio de algunas noches ya no habla mi idioma. Aparece como una lengua extranjera que no deseo reconocer. Me habla de un lugar lejano que se aproxima a gran velocidad. Me obligo a organizar los minutos que me quedan para poder entrar en el destiempo y eludir la sacudida…

Hoy no hay espacio para el dolor. Me acuesto despacio, tiendo mi alma sobre las sábanas que estiro cuidadosamente para que no quede ni una arruga en la que la pena se esconda. El alma no lo permite pues le dolería mirarla. Al alma le gusta verse lisa, sin grietas ni surcos profundos, llana como mis verdades preferidas, las que nunca se formulan porque se hallan eternamente vigentes en los reinos trascendentales de la unidad y a las que aún hoy aspiro por encima de esta existencia polarizada.

Acto seguido entrego mi sombra al silencio y le insto a que me hable pues la he ignorado durante décadas y ella ha seguido ahí fiel hasta que me he dado cuenta de que la luz que vi al final nunca se hubiera manifestado sin la presencia de la sombra y la oscuridad. Como la punta de un iceberg, me ha cegado una porción identificada con la ilusión que ven mis ojos humanos y he ignorado la magnitud que se esconde y sostiene esa realidad que comparten la noche y lo oculto.

El miedo, otro fiel elemento de la sombra, también ayuda. Exigente, tirano vuelve a las palabras contra mis propios labios que les niega el aliento que tanto anhelan y necesitan. Los besos no quieren rogar a unas palabras que no se atreven a pronunciarse. De otro lado, el hilo del argumento se ha escapado de la madeja. La melancolía tira suavemente y deshace los puntos tejidos con meticuloso cuidado durante la noche. Tira y tira de la madeja y ya parece que se ha deshecho el embrujo. Se ha desenmarañado el ovillo con una historia deshecha antes de empezar. Es la historia que tal vez no se produjo porque no hubo Adán y Eva, ni serpiente seductora. Hubo luz y su fidelidad a las estrellas y a la noche dio origen a una fusión de seductores y seducidos, espejos y espejismos, realidades simultáneas apresuradas por la emoción de manifestarse cuanto antes enfrente a los humanos.

# IX

# Espejos y espejismos

B orrón y cuenta nueva, pero ¿dónde está la cuenta? ¿Cuándo comenzó esta cuenta atrás?

Llega muy dispuesta la respuesta: *Al final de otro principio.*

Pero yo llevo contando lustros, cantando rimas por los codos. Cuento los bordes de la mesa sobre la que escribo y me sale uno de más. Hay una esquina que no encaja. La muevo de nuevo. Hay una pieza fuera de sitio. Parece que no pertenece a esta composición que incluye una silla con la pata coja, el sillín resquebrajado, un cuadro torcido en una pared desconchada y llena de polvo. La telaraña en el techo se aleja cuando la miro. Se me nubla la mirada al evocar el rostro de un hechizo que revolotea por la habitación. Las horas se han desvanecido también. Esta mañana las he buscado y no estaban ahí, bajo mi almohada, donde las guardé anoche al acostarme.

Miro al espejo y me sugiere:

> *Tómate una cucharadita de cielo sin nubes y desteje el sueño que elaboraste anteayer. Yo te guardaré la madeja para un nuevo proyecto.*

Respiro con alivio. La nube temblorosa se disuelve en el cielo de mi paladar que sabe a rocío de la mañana. Espejo y espejismo se confabulan para regalarme un racimo multicolor de posibilidades.

## Espejismo número 1

Amanezco con una sensación de lluvia interior que me limpia y regenera en estos primeros días del nuevo año. La sala de los espejos lagrimea y la visión me produce un cierto y reconfortante temblor. Curioso espejismo el que mi conciencia me proyecta hoy.

Escribo para no salirme de la raya y para contener mi cuerpo en una trayectoria de vida coherente. Trato de andar un camino diseñado para almas disidentes donde se desdibuja nuestra condición humana para dar más juego al trazo artístico en el cual deseo ir creándome en una nueva conciencia.

## Espejismo número 2

Parece que esta semana estoy recuperando la sombra que perdí hace algunas décadas. La he encontrado triste, desmejorada y azul por la falta de oxígeno que hay en las profundidades de la existencia. Me mira a los ojos, pero su mirada aún no ha recuperado el destello que se merece. La he sorprendido paseando sonámbula intentando seguirme los pasos rápidos a la que la someto, pero por momentos se desmarca y se pierde dejándome con una profunda sensación de carencia. Este hecho limita el acceso de mi memoria a espacios crisálida donde las experiencias se preparan para mostrarme otras partes ocultas de mi ser durmiente. Tienen que mirar a la luz de frente y así se activará su voluntad de nacerse.

Con cada despertar de un rincón de la memoria nos hacemos más completos, más cercanos a la divinidad que llevamos y nos une entre las partes. Poco a poco los interrogantes van colgando sobre las frases las respuestas mojadas por la lluvia. Cuando se sequen, leeremos los mensajes encriptados, perlas salvajes donde reconoceremos las claves de nuestra visión para este momento.

## Espejismo número 3

A veces siento que no estoy dentro de mi cuerpo, aunque lo peor es que tampoco me encuentro fuera. Supongo que se podría decir que vivo en un desencuentro. Es como si mi conciencia transitara por una corriente de sentimientos a toda velocidad y hubiera zonas de oscuridad y otras de luz, pero no alcanzo a integrarlas. Mi cuerpo lo siento como un mar de olas alborotadas, furiosas y determinadas a romper cualquier margen que las limite hasta alcanzar realidades de orillas cálidas, de finas arenas donde el horizonte marca nuevos infinitos.

Así se ha vestido el día hoy, con imágenes de calidez y abrazos prolongados de flores espumosas. Hay que salir y aprovechar el momento antes de que se borre de la memoria del viento. Atravesemos su espejo de aire cual Alicia entrando en el mundo de lo etéreo donde todo es producto de nuestra voluntad disfrazada de oportunidades para adquirir un tamaño coherente con cada situación.

# Espejo de agua

La página me había mirado con los ojos en blanco pidiendo que inscriba en sus pupilas mares grises de olas bravas. Hay que escribir para que nadie nos robe la voz ni la palabra. Hay que usarlas constantemente, lavarles la cara, desperezarlas despacio para que no duelan. Hay que vestirlas de nuevos matices cada vez que las sacamos del cuerpo para que se sientan dignas de mostrar sus grietas adornadas y suavizadas por una amalgama de luz y clarososcuros.

En las montañas rocosas un pensamiento me persigue y se camufla en las nubes que cubren glaciales y lagos azul turquesa. Hablar de espejos, ya sean de agua o de cristal, implica hablar de distorsión y engaño, como cuando las lágrimas nos nublan la visión. Así me sentí cuando desde el avión me percaté de las grietas de Drumheller Badlands en Alberta, Canadá, hace ya tres décadas. El planeta se resquebrajaba en gritos sedientos. Los cielos desorientados lloraban desconsoladamente sobre los océanos gritos que se ahogan en un llanto ignorado.

Me fascina el recuerdo y no logro recordar. Me pesan los pensamientos y aun así eluden mi memoria. Intento recordar que se perdió algo hace algún tiempo y necesito recuperar un futuro que no se hace presente por temer demasiado sacudirse el manto del pasado.

Un nudo me ata a la silla. Desnuda de sueños y recuerdos, me aferro a la solidez de sus brazos para no caerme. Es un consuelo tener un cuerpo cuando el desconsuelo se pasea a su antojo por nuestro ser. Es incluso importante tener las emociones en un espacio localizable, un espacio donde poder mirarlas cara a cara y rescatarlas si se dejan. Difícil tarea, pues son como una niña que llora desconsoladamente un llanto de terror en el pasillo oscuro de un sueño temporal disfrazado de pesadilla.

# X
# La Luna se columpia
# en un hilo invisible y no se cae

La luna es una perla que pende de la estrella del amor cuyo hilo es imperceptible. Se columpia en un acto de fe incondicional.

Sentir la voz de nuestra alma es así: como lanzarse a un trapecio que viene hacia nosotros. Suspendidos en el aire con una sonrisa propulsada por un acto de amor, nos lanzamos. La chispa que inicia ese acto no es otra que el hilo invisible que sostiene nuestra conexión divina con nosotros mismos. No se ve con los ojos mundanos, pero se hace presente y palpable cuando más la necesitamos.

Con cada paso de nuestra existencia nos contamos una historia. Creamos capítulos con héroes y malvados. Según nuestros sistemas de creencias aplicamos un argumento u otro y nos retamos a resolver el conflicto o nudo de la historia. Las historias, no importa si terminan bien o menos bien, se convierten en capítulos para el libro de nuestra vida. Lo que importa es el viaje, interior y externo, que realizamos con cada incidente que nos sale al encuentro porque en nuestra actitud se halla el éxito del resultado final.

Cuando está escrito todo ya no hay pasado, presente, ni futuro. Todo está en un ahora continuo e infinito desde el cual podemos acceder a cualquier otro ahora que fue o será. Todo está ya escrito en la memoria individual en historias paralelas, alternativas perfeccionadas escogidas en nuestra imaginación para contrastar nuestras visiones. Sin embargo, aquí estamos, mayormente perdidos en una jungla, acosados por miedos imaginados antes de hacerlos manifiestos con todas sus consecuencias.

También en momentos de despiste imaginamos lo inimaginable para acto seguido echarlo por tierra sin dar oportunidad al universo a ponérnoslo delante de nuestros ojos. Es a menudo cuando no miramos que la vida pasa como un tren y aun estando en la estación no nos da tiempo a subirnos. Entonces decimos que esperaremos al siguiente y, esta vez más atentos, nos subimos a él emocionados por el viaje y los personajes que vamos a encontrarnos.

# XI

# Corazón de diamante

Existe un Sutra en budismo que se denomina el Sutra del diamante *o Prajñaparamita,* que el monje zen Thich Nhat Hanh explica en su libro *The Heart of Understanding.* El quid, centro o corazón de la comprensión del cosmos, según la traducción, son enseñanzas sobre el Sutra del loto. La esencia es la compasión, un sentimiento que, como cualquier otro, no se puede ejercer hacia el prójimo a menos que practiquemos con nosotros mismos.

> *La gota del rocío dijo al lago:*
> *«Tú eres la gota más grande bajo la hoja del loto;*
> *Yo la más pequeña, encima»*
> (Tagore)

# ÍNDICE

ESTA
PRIMERA
EDICIÓN DE *Acto de*
*fe original,* DE CARMEN
CÁLIZ MONTORO, HA SIDO
IMPRESA CON PAPEL AHUESADO,
DE 80 GRAMOS. SE HA UTILIZA-
DO LA TIPOGRAFÍA GARAMOND
PRO. SE TERMINÓ DE IMPRIMIR
EN PODIPRINT, EN MÁLAGA,
EN EL MES DE FEBRERO
DEL AÑO 2024.